우리 아이의
수학적 잠재력을 깨워주는

# 창의력 수학

# 우리동네로
## 배우는 수학

# 이 책을 보시는 부모님들께

머리가 좋아야 수학을 잘 한다는 말이 있습니다. 또, 수학을 잘 못하는 아이는 아빠, 엄마의 머리를 물려받아서 그렇다는 등의 난데없는 유전자 논쟁이 벌어지기도 합니다. 하지만 많은 사람들의 일반적인 생각과는 달리 이는 근거없는 이야기입니다. 외국의 한 연구 기관에서 언어, 사회, 수학, 과학의 네 가지 분야 중 어떤 것이 아동의 선천적 재능에 영향을 받는지 조사한 연구 결과를 발표했는데 일반적인 예상과는 다르게 선천적 재능에 영향을 받는 순서는 사회, 언어, 과학, 수학 순이었습니다. 다시 말해, 수학은 여러 학문 분야 중 선천적인 재능보다는 후천적인 환경이나 교육자, 학습자의 노력에 가장 큰 영향을 받는 학문이라 볼 수 있습니다. 수학의 가장 기본이 되는 '수 영역'의 예를 들어 보겠습니다. 아이들이 수를 처음 접하는 시기의 차이는 있지만 실제 수에 대한 감각과 수를 다루는 연습은 생활 속에서의 체험이나 다양한 활동, 학습 속에서 이루어집니다. 즉, 수학의 가장 기본이 되는 수는 선천적으로 가진 재능과는 거의 연관이 없으며 자라나면서 어떤 환경에 놓이는지, 얼마나 많이 수를 생각할 수 있는 기회가 있는지, 나이에 맞는 올바른 학습을 만날 수 있는지에 좌우됩니다. 그러므로 아이의 수학적 발달에 문제가 있다면, 그 아이가 누구를 닮아서 그런지, 지능이 떨어지는지를 따질 것이 아니라 수학적 힘을 기를 수 있는 학습 환경을 어떻게 만들어줄 것인가를 고민해야 합니다.

국제영재교육연구소의 랜즐리 소장은 영재의 기준을 마련하기 위해 여러 연구를 시행한 결과, 영재의 공통적인 특징들을 발견하였습니다. 첫째는 115 이상의 지능지수(IQ), 둘째는 창의력(Creativity), 셋째는 동기적 요소라고 부르는 끈질긴 근성과 과제집착력이었습니다. 이들 세 가지 요소 역시 선천적으로 타고 나는 부분도 물론 있겠지만 대부분 후천적인 학습이나 교육 활동을 통해 기를 수 있는 능력이라는 데에 이의를 제기하기는 힘듭니다.

이처럼 수학적 능력은 후천적 학습 환경에 주로 좌우되며, 특히 어린 시절에는 그러한 경향이 더더욱 두드러집니다. 하지만 우리의 아이들을 둘러싼 수학적 환경을 다시 한 번 돌아봅시다. 초등학교를 들어가기 전부터 과도한 학습량과 무의미한 반복 활동, 이후의 수학 학습에 오히려 방해가 될 정도로 무리한 선행 학습 등의 환경은 아이의 수학적 힘을 길러주기보다는 수학에서 가장 중요한 창의적 사고력을 기를 수 있는 기회를 박탈함과 동시에 수학에 대한 흥미를 급속하게 떨어뜨리게 하여 수학으로 문제를 해결하려는 의지, 즉 수학적 동기를 스스로에게 부여하는 것을 불가능하게 만들어 버립니다. 중요한 것은 남들보다 먼저, 그리고 더 많이 수학적 지식을 머리 속에 주입하는 것이 아니라 태어나서부터 누구나 가지고 있는 수학에 대한 관심, 그리고 수학으로 생각하는 힘을 일깨워주는 것입니다.

**수학을 잘할 수 있는 힘,** 수학적 잠재력은 이미 여러분 아이들의 머릿 속에 줄곧 있어왔습니다. 단지 어떤 아이는 그것을 찾아내어 드러낼 수 있었고, 어떤 아이는 꼭꼭 숨긴 채 평생 드러나지 않을 뿐입니다. 이러한 수학적 잠재력에 대한 참신한 자극 – 생각을 두드리는 '노크'를 제안하려 합니다. '노크'는 수학적 지식과 스킬만을 무리하게 밀어넣지 않습니다. 왜 수학을 해야 하고, 어떻게 수학으로 가능한지 끊임없이 스스로 생각하게하는 계기로서의 활동이 되려 합니다. 일상으로부터 괴리된 학문으로서의 수학이 아닌, 삶을 살아가며 반드시 키워야 할 논리적, 합리적 사고력을 기를 수 있는 누구에게나 가장 중요한 경쟁력으로서의 수학을 주장합니다. '노크'야말로 새로운 수학 학습의 길을 보여주는 방향타가 될 것입니다.

한 혁 조

# 이 책의
# 구성과 특징



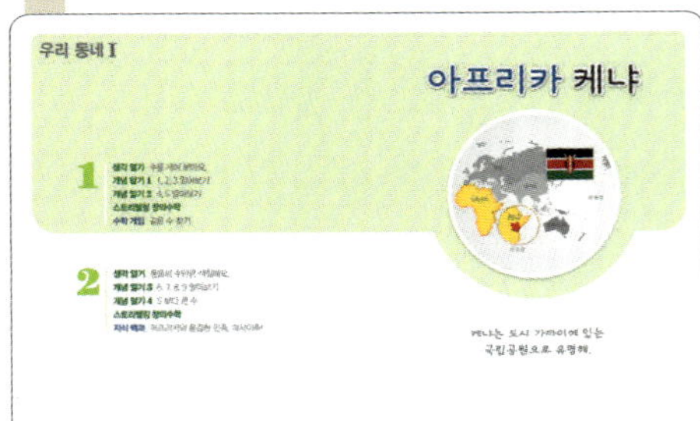

## 테마 Story

- 이야기의 주제와 단원 내용을 소개함으로써 학습 내용에 흥미를 가질 수 있도록 합니다.
- 단원과 관련된 그림과 질문을 통해 배울 내용을 미리 생각해 볼 수 있습니다.

## 수학 이야기

- 재미있는 이야기를 통해 학습 주제에 대한 흥미와 관심을 높일 수 있습니다.
- 과학, 예술, 역사, 수학사, 실생활 등 다양한 이야기를 수학적 개념과 관련지어 수학의 가치와 필요성을 느낄 수 있도록 합니다.

## 생각 열기

- 수학적 개념, 원리, 법칙을 자유로운 생각과 다양한 활동을 통해 발견할 수 있도록 합니다.

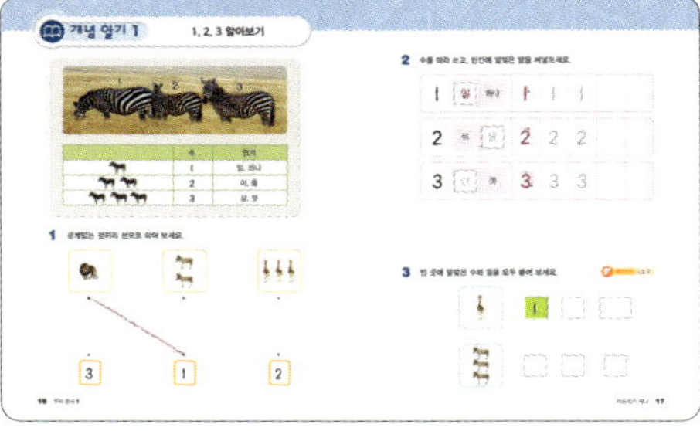

## 개념 알기

- 단원별 4개의 소주제를 제시하였고, 학습 목표를 쉽게 이해할 수 있도록 설명해 놓았습니다.
- 기본 유형 문제와 간단한 응용 문제로 구성되어 있어 수학적 사고력을 단계적으로 기를 수 있습니다.

**이야기 수학_** 이야기 속 문제 상황을 통해 호기심을 유발하고, 단원에서 배우게 될 내용을 예측하고 발견할 수 있도록 하였습니다.

**사고력 수학_** 주제별 기본개념을 이해하고, 확인학습을 통해 개념을 익히고 다질 수 있도록 하였습니다.

**창의력 수학_** 다양한 방법으로 심화 문제를 해결함으로써 문제 해결 능력, 의사소통 능력, 추론 능력을 향상시킬 수 있도록 하였습니다.

## ✳ 창의사고력 **심화 학습**

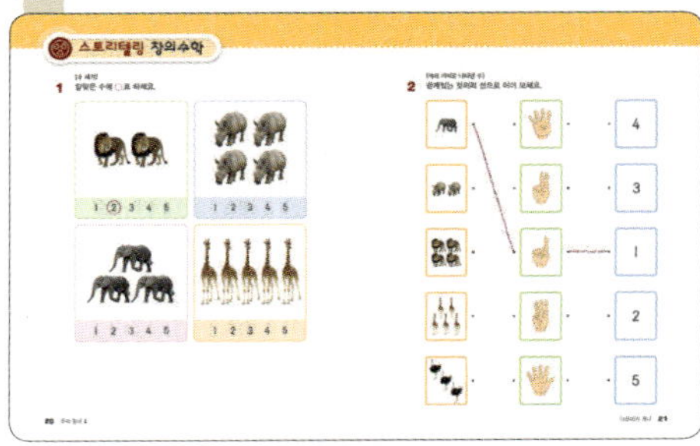

### ⚛ 스토리텔링 **창의수학**

● 주제와 관련된 창의 사고력 수학 문제를 제시하여 학습 내용을 좀 더 다양하고 깊게 탐구해 볼 수 있습니다.

● 다른 학문 분야나 생활 속 현상 등과 같은 다양한 소재로 문제 해결력, 융합적 사고력을 기를 수 있습니다.

## ✳ 재미있는 **활동과 읽을거리**

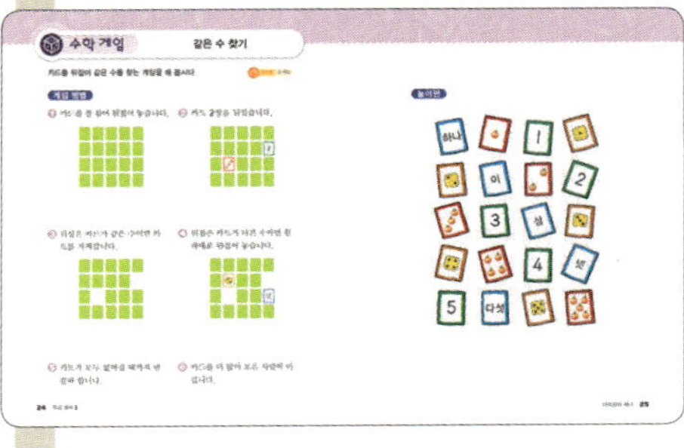

### ⬡ 수학 게임

● 만들기 활동으로 수학에 관심과 흥미를 가지고 수학의 가치를 이해하며, 자연스러운 학습으로 자신감을 키울 수 있습니다.

● 수학 게임으로 재미있게 수학을 학습하고, 게임의 규칙과 승리 전략을 탐구하며 논리적인 사고력을 기를 수 있습니다.

### 📁 지식 백과

● 각 단원의 마지막에 있는 읽을거리로 사회, 과학, 예술 및 실생활 사례 등을 수학적으로 바라볼 수 있도록 하였습니다.

● **ⓆⒶ**는 지식을 업그레이드 할 수 있는 코너로 아이들 눈에 궁금할 수 있는 질문과 그에 대한 명쾌한 답을 실었습니다.

## ✳ 빠른 **답과 바른 풀이**

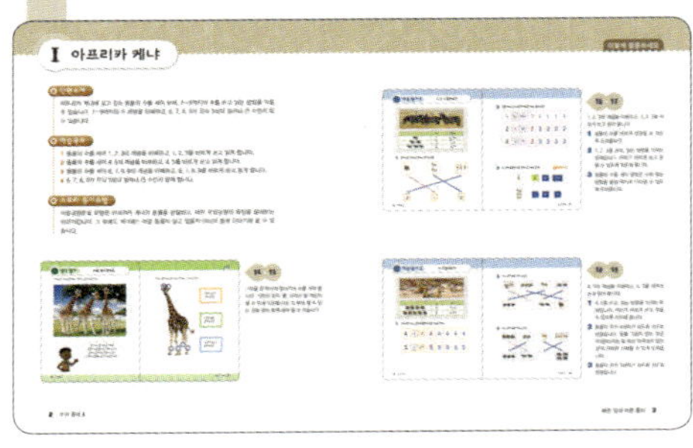

● 각 단원을 간단히 소개하고 학습 목표 및 방향을 바로 세울 수 있게 구성하였습니다. 빠르고 쉽게 정답을 확인할 수 있으며 학부모용 활용 방법을 제시하여 학습지도에 도움이 되도록 하였습니다.

# 차 례 CONTENTS

## 우리 동네 I

## 우리 동네 II

# 우리 동네 I

# 아프리카 케냐

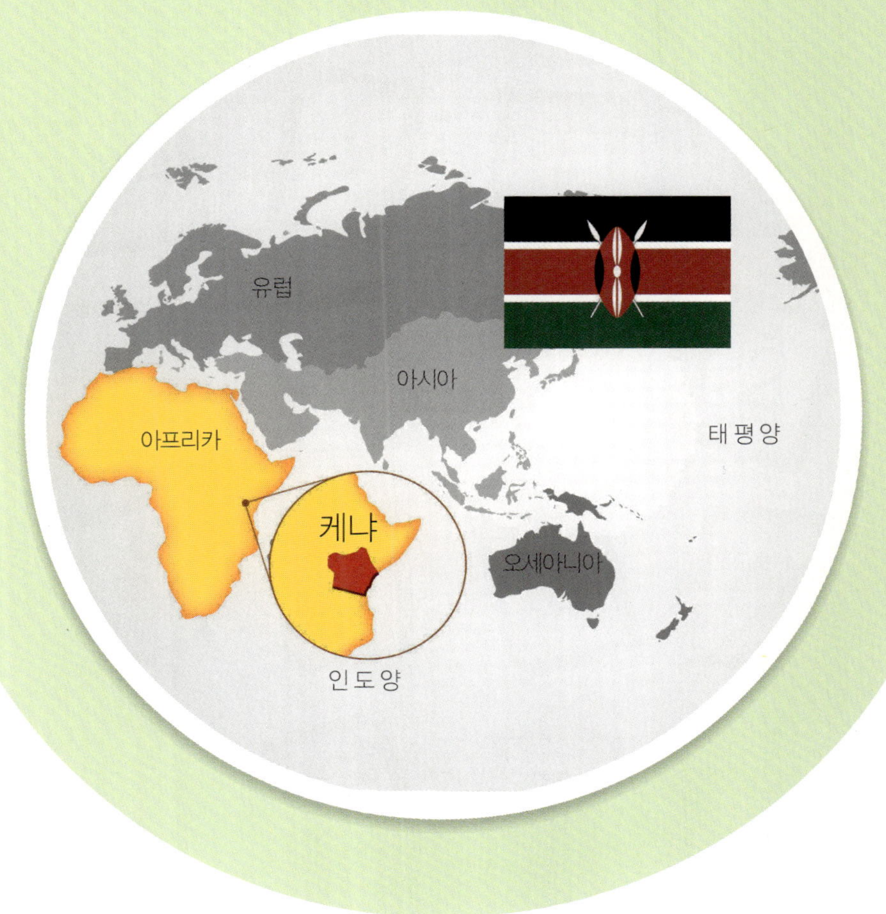


케냐는 도시 가까이에 있는
국립공원으로 유명해.

아프리카의 케냐는 도시와 초원이 함께 어우러져 있는 나라야.
그래서 도시 가까이에 있는 국립공원들이 유명하지.

나이로비 국립공원에서는 여러 동물을 볼 수 있어.

얼룩말의 줄무늬는 조금씩 다르게 생겼어.
그래서 줄무늬로 서로를 알아볼 수 있지. 적이 나타나면 뒷다리로 걷어차.

코끼리는 진흙 목욕을 하면서 몸의 열을 식히고, 뜨거운 태양 빛으로부터 피부도 보호해.

나이로비 국립공원에는 동물 고아원도 있어.
어미를 잃어 스스로 살아가기 힘든 동물이나
다치고 병든 동물을 데려다가 치료하고, 보살펴줘.

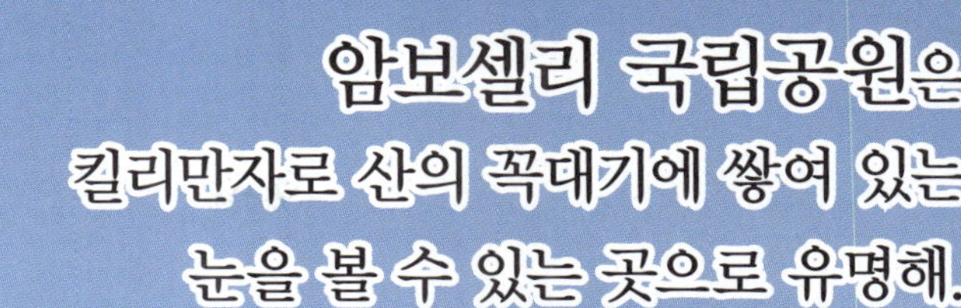

암보셀리 국립공원은
킬리만자로 산의 꼭대기에 쌓여 있는
눈을 볼 수 있는 곳으로 유명해.

# 수를 세어 보아요.

나이로비 국립공원에는 기린이 살고 있습니다.

기린의 뿔과 다리를 하나씩 세어 ◯표 하세요.

기린은 꼬리가
| 개 있어요.

기린은 뿔이
2개 있어요.

기린은 다리가
4개 있어요.

# 1, 2, 3 알아보기

| | 수 | 읽기 |
|---|---|---|
| | I | 일, 하나 |
| | 2 | 이, 둘 |
| | 3 | 삼, 셋 |

**1** 관계있는 것끼리 선으로 이어 보세요.

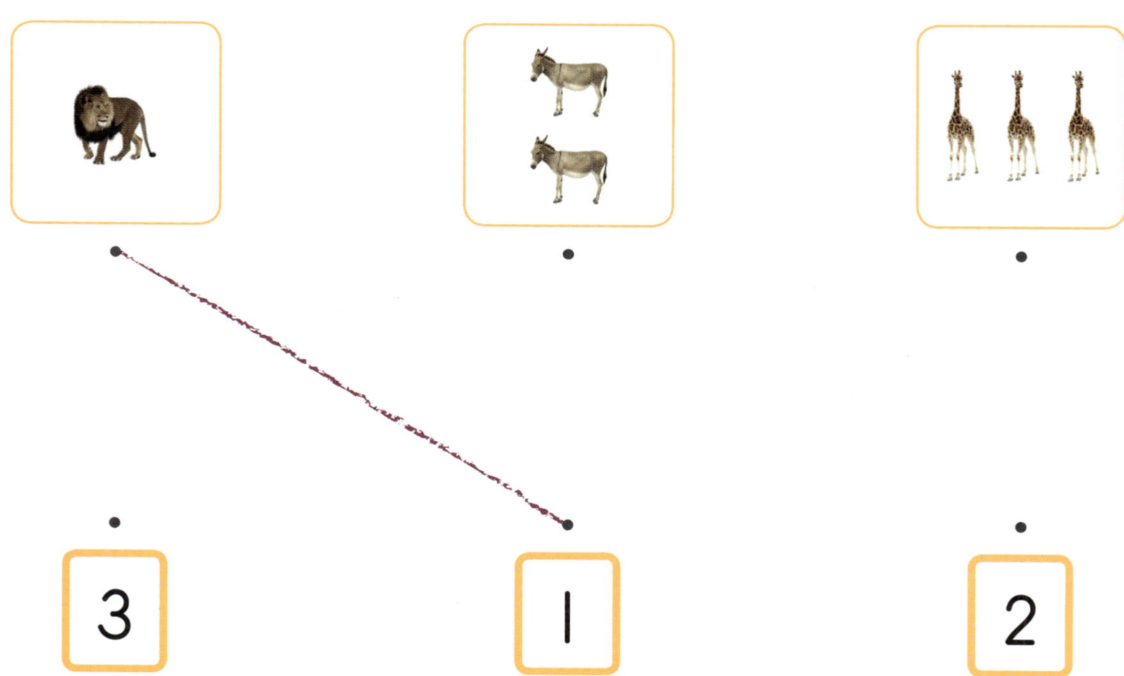

**2** 수를 따라 쓰고, 빈칸에 알맞은 말을 써넣으세요.

**3** 빈 곳에 알맞은 수와 말을 모두 붙여 보세요.

 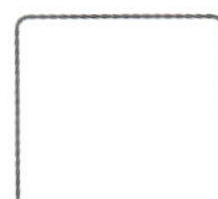  

| | 수 | 읽기 |
|---|---|---|
| | 4 | 사, 넷 |
| | 5 | 오, 다섯 |

**1** 수를 따라 쓰고, 빈칸에 알맞은 말을 써넣으세요.

| 4 | 사 | 넷 | 4 | 4 | 4 | |

| 5 | 오 | 다섯 | 5 | 5 | 5 | |

**2** 4가 되게 짝을 지어 보세요.

**3** 5가 되게 짝을 지어 보세요.

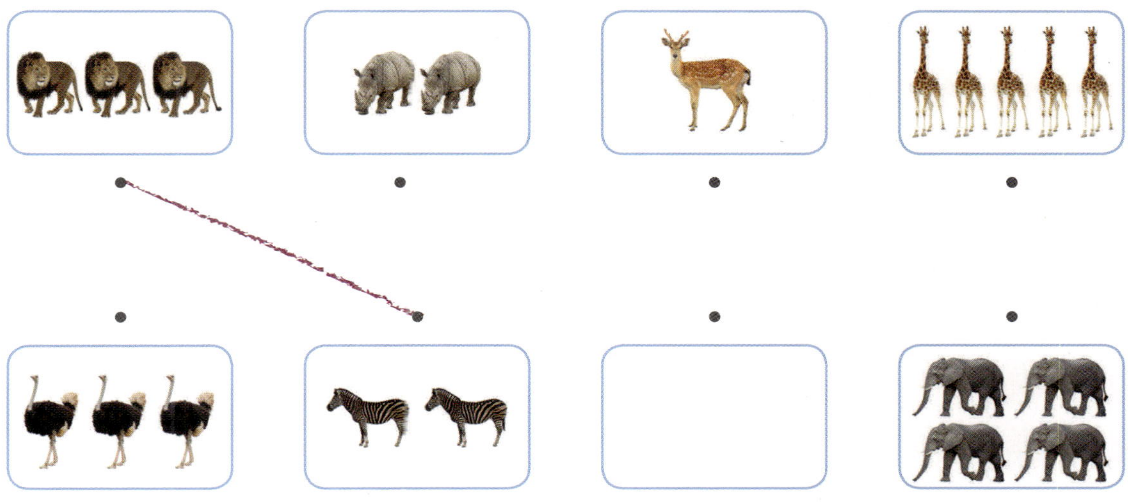

# 스토리텔링 창의수학

[수 세기]

**1** 알맞은 수에 ◯표 하세요.

1  ②  3  4  5

1  2  3  4  5

1  2  3  4  5

1  2  3  4  5

**2** 관계있는 것끼리 선으로 이어 보세요.

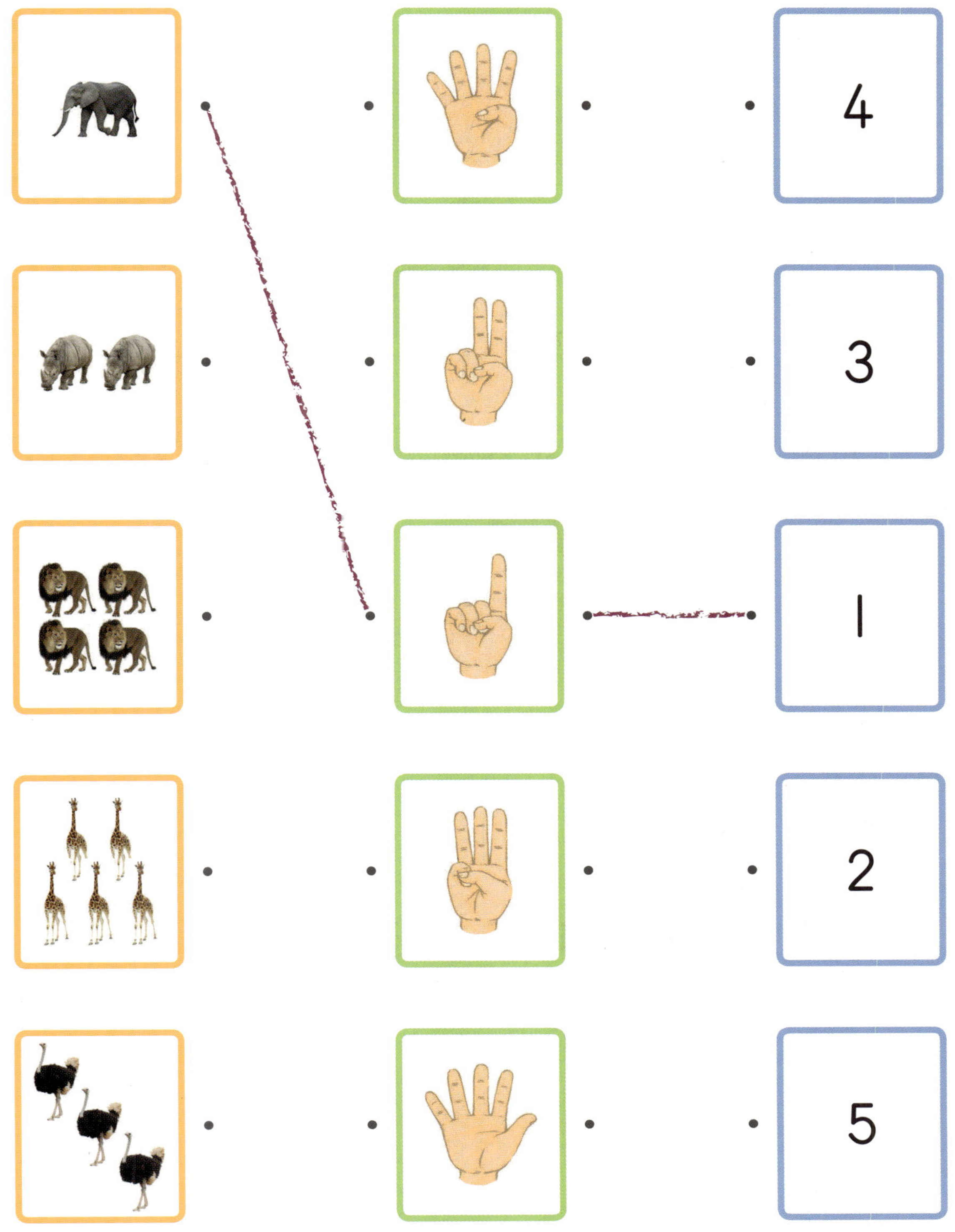

[4, 5 만들기]

**3** 4, 5가 되도록 짝을 지어 보세요.

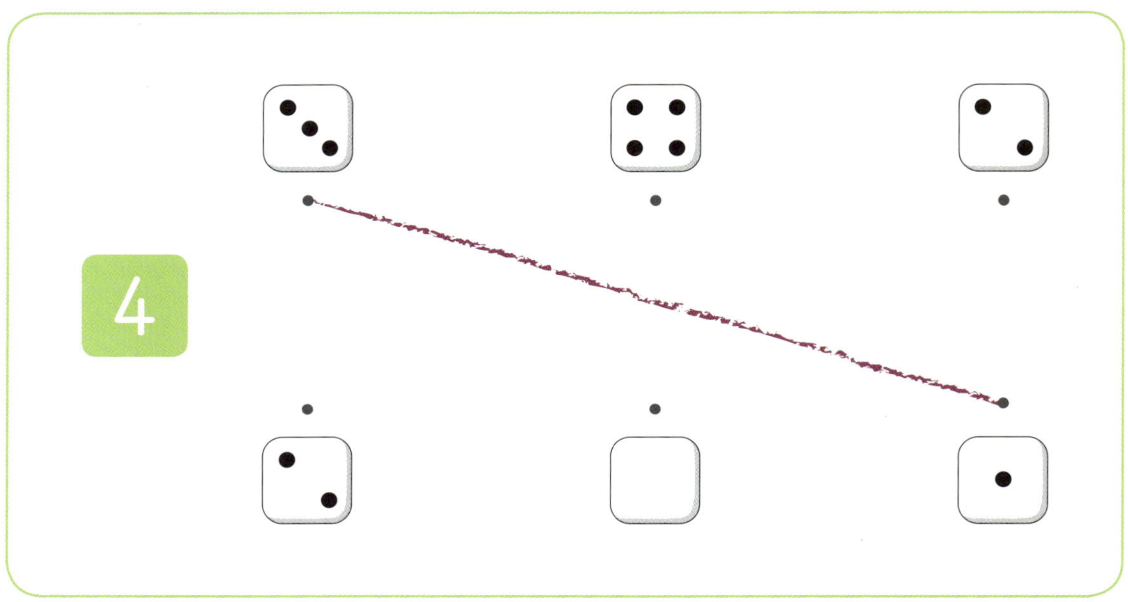

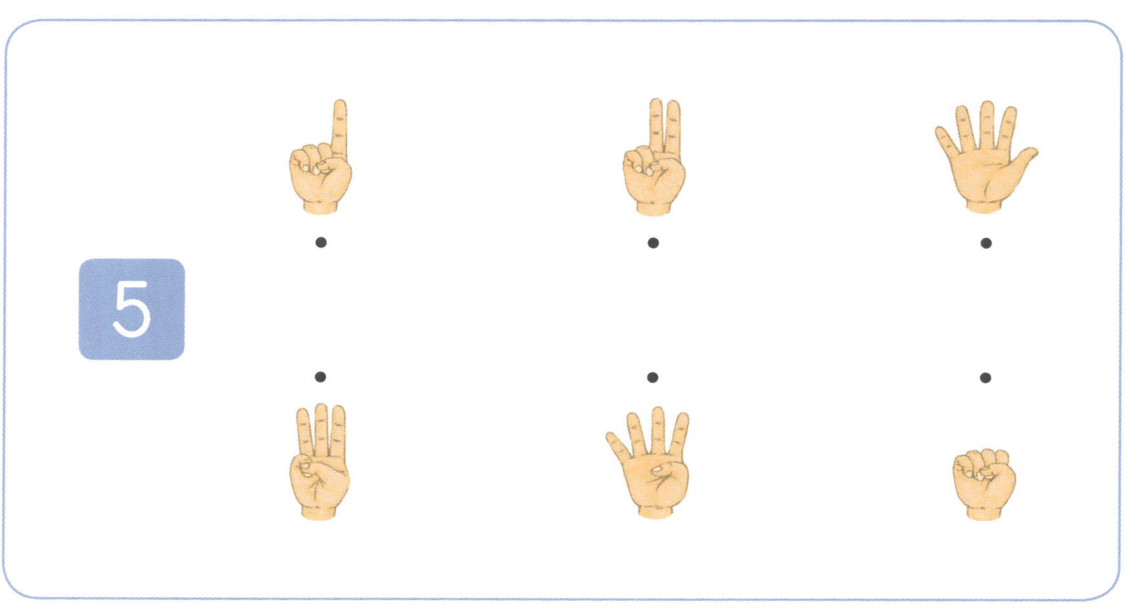

[없는 수 찾기]

**4** 왼쪽에 없는 수를 찾아 오른쪽에 ◯표 하세요.

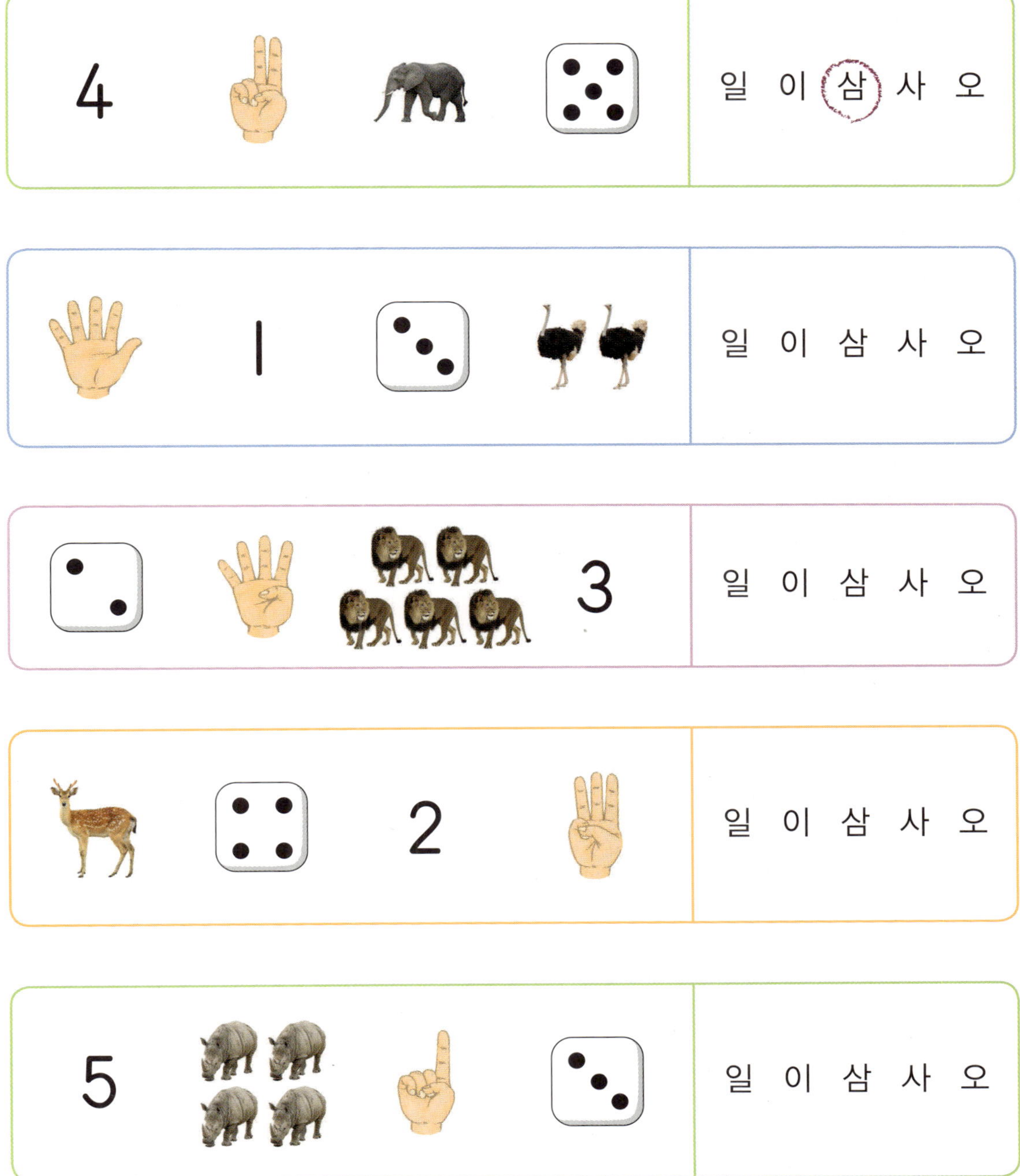

# 같은 수 찾기

카드를 뒤집어 같은 수를 찾는 게임을 해 봅시다.

## 게임 방법

❶ 카드를 잘 섞어 뒤집어 놓습니다.

❷ 카드 2장을 뒤집습니다.

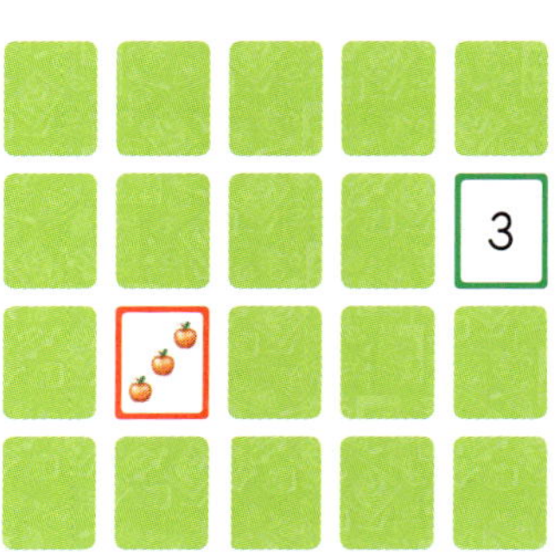


❸ 뒤집은 카드가 같은 수이면 카드를 가져갑니다.

❹ 뒤집은 카드가 다른 수이면 원래대로 뒤집어 놓습니다.

❺ 카드가 모두 없어질 때까지 번갈아 합니다.

❻ 카드를 더 많이 모은 사람이 이깁니다.

하나
1
이
2
3
삼
4
넷
5
다섯

## 동물의 수만큼 색칠해요.

나이로비 국립공원에는 사자, 타조, 코뿔소도 살고 있습니다.

동물의 수만큼 색칠하세요.

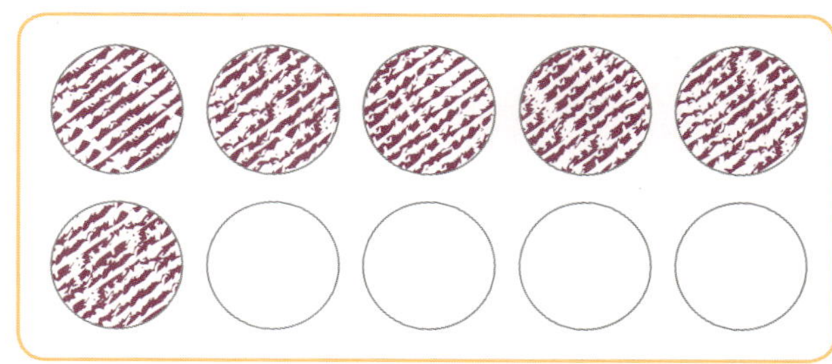

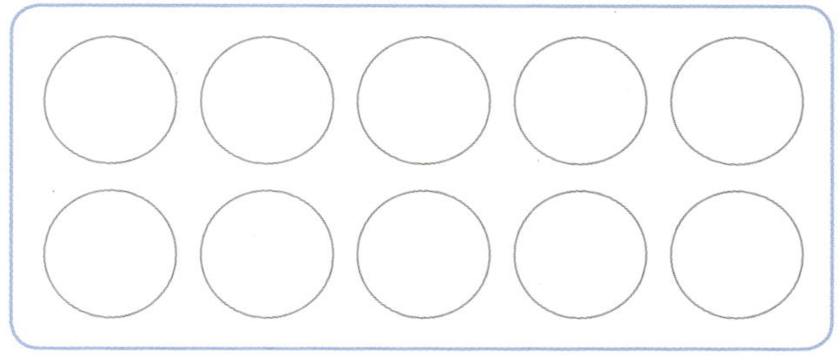

# 6, 7, 8, 9 알아보기

| | 수 | 읽기 |
|---|---|---|
| 🐘🐘🐘🐘🐘🐘 | 6 | 육, 여섯 |
| 🐘🐘🐘🐘🐘🐘🐘 | 7 | 칠, 일곱 |
| 🐘🐘🐘🐘🐘🐘🐘🐘 | 8 | 팔, 여덟 |
| 🐘🐘🐘🐘🐘🐘🐘🐘🐘 | 9 | 구, 아홉 |

**1** 수를 따라 쓰고, 빈칸에 알맞은 말을 써넣으세요.

| 6 | 육 | 여섯 | 6 | 6 | 6 | | |
| 7 | 칠 | 일곱 | 7 | 7 | 7 | | |
| 8 | 팔 | 여덟 | 8 | 8 | 8 | | |
| 9 | 구 | 아홉 | 9 | 9 | 9 | | |

**2** 관계있는 것끼리 선으로 이어 보세요.

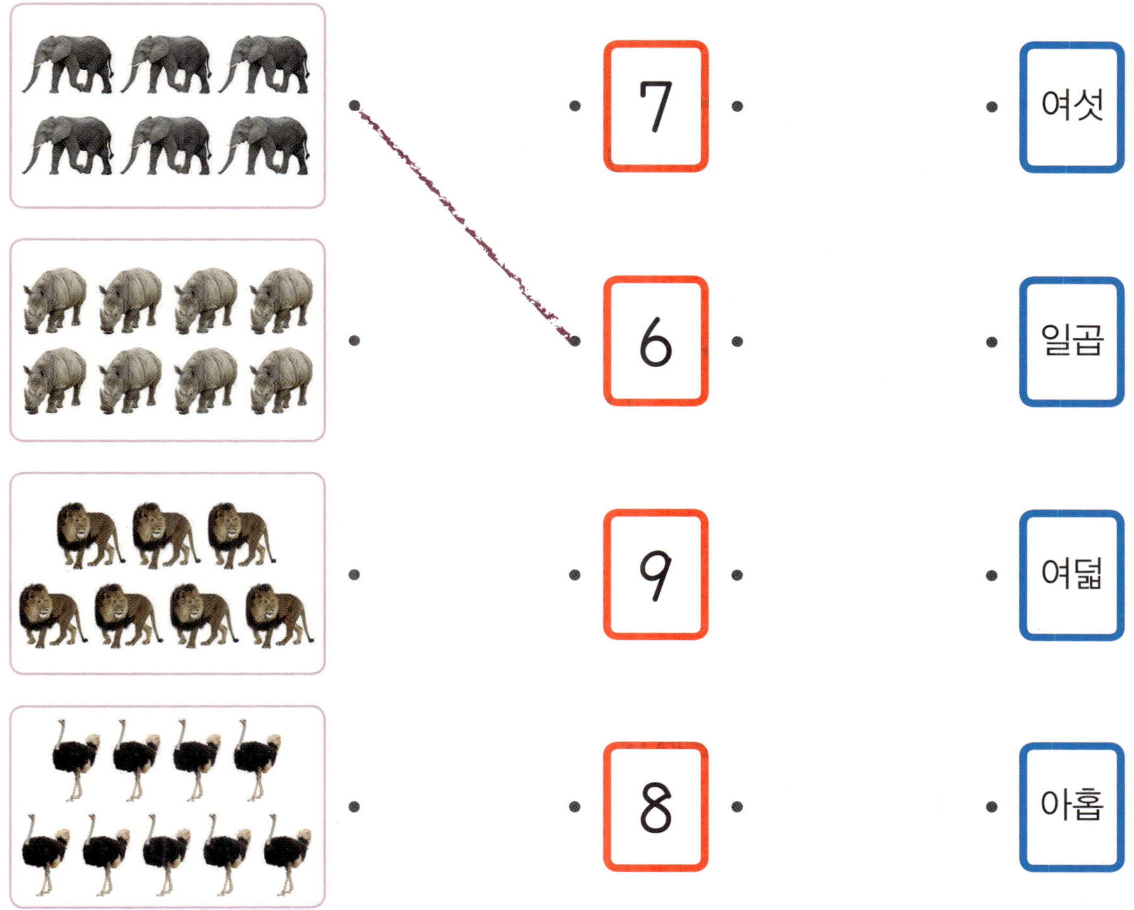

| 7 | 여섯 |
| 6 | 일곱 |
| 9 | 여덟 |
| 8 | 아홉 |

**3** 모두 몇 마리인지 빈칸에 알맞은 수를 써넣으세요.

# 5보다 큰 수

- 6은 5보다 1 큰 수입니다.
- 7은 5보다 2 큰 수입니다.
- 8은 5보다 3 큰 수입니다.
- 9는 5보다 4 큰 수입니다.

**1** 주어진 수만큼 색칠하려고 합니다. 색칠을 완성하세요.

| 6 | ● ● ● ● ● ◍ ○ ○ ○ ○ |
| 7 | ● ● ● ● ● ○ ○ ○ ○ ○ |
| 8 | ● ● ● ● ● ○ ○ ○ ○ ○ |
| 9 | ● ● ● ● ● ○ ○ ○ ○ ○ |

**2** 하나씩 짝을 지어 연결하고, 빈칸에 알맞은 수를 써넣으세요.

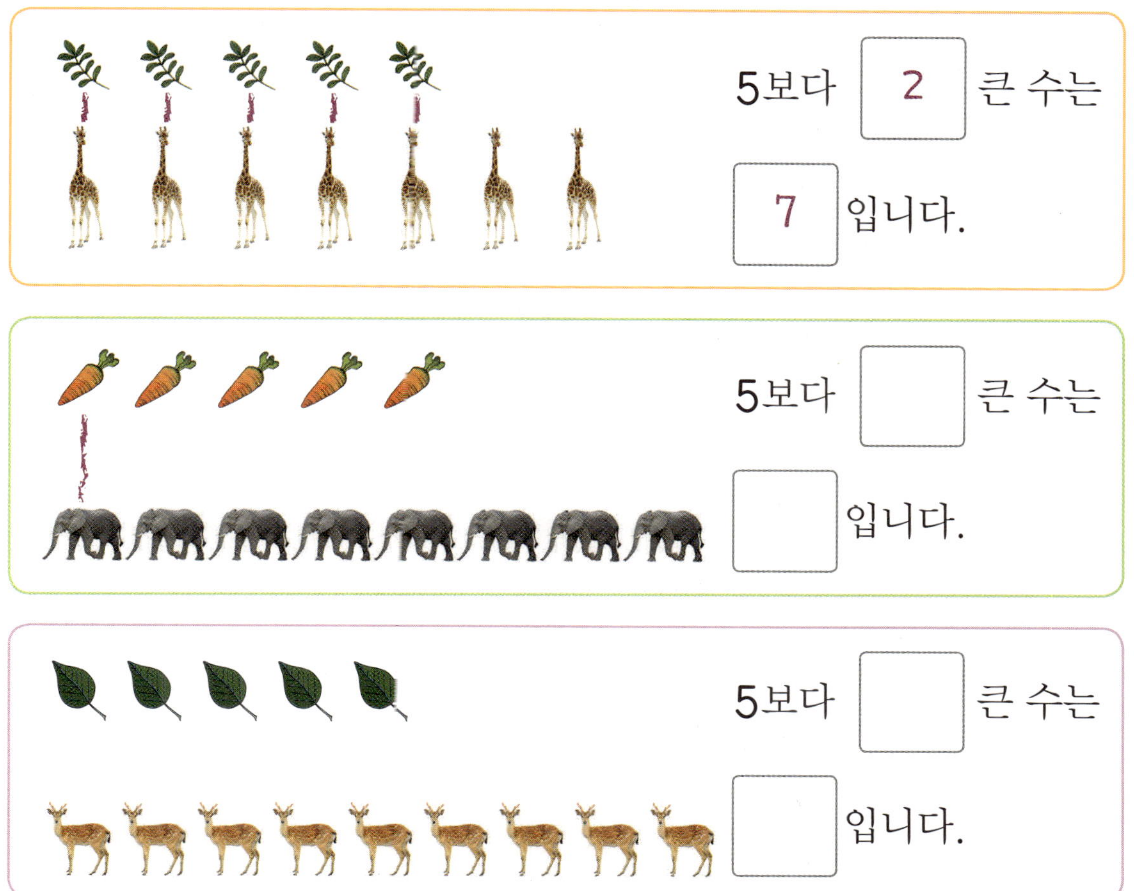

5보다 2 큰 수는 7 입니다.

5보다 □ 큰 수는 □ 입니다.

5보다 □ 큰 수는 □ 입니다.

**3** 주어진 수만큼 ○표 하세요.

| 5보다 1 큰 수 | |
| --- | --- |
| 5보다 3 큰 수 | |

[동물의 수]

**1** 동물의 수를 세어 빈칸에 알맞은 수를 써넣으세요.

| 4 마리 | ☐ 마리 | ☐ 마리 |

**2** 빈칸을 채우고, 수만큼 색칠하세요.

| | | | |
|---|---|---|---|
| 1 | 일 | 하나 | ●○○○○ / ○○○○○ |
| 2 | 이 | 둘 | ●●○○○ / ○○○○○ |
| 3 | 삼 | 셋 | ⦸⦸⦸○○ / ○○○○○ |
| 4 | 사 | | ○○○○○ / ○○○○○ |
| 5 | | 다섯 | ○○○○○ / ○○○○○ |
| 6 | 육 | | ○○○○○ / ○○○○○ |
| 7 | 칠 | 일곱 | ●●●●● / ●●○○○ |
| 8 | | 여덟 | ○○○○○ / ○○○○○ |
| 9 | 구 | 아홉 | ○○○○○ / ○○○○○ |

[동물의 먹이]

**3** 케냐에 사는 동물들이 좋아하는 먹이입니다. 먹이의 수를 세어 빈칸에 알맞
은 수를 써넣으세요.

3 개　　 개　　 개　　 개

**4** 나타내는 수가 다른 하나를 찾아 ×표 하세요.

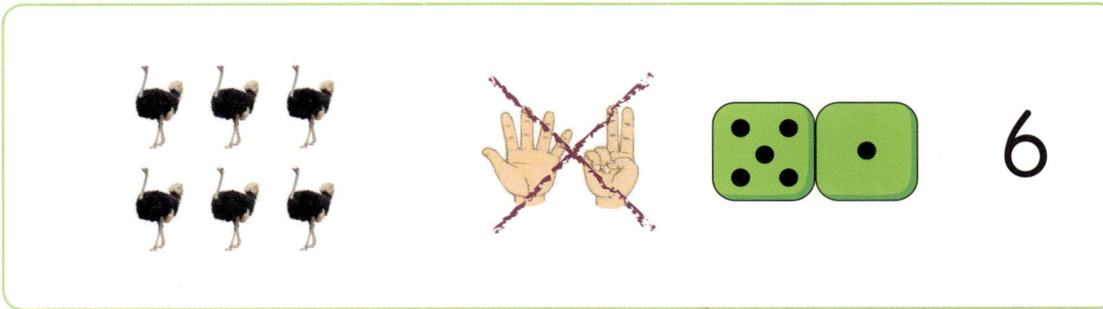

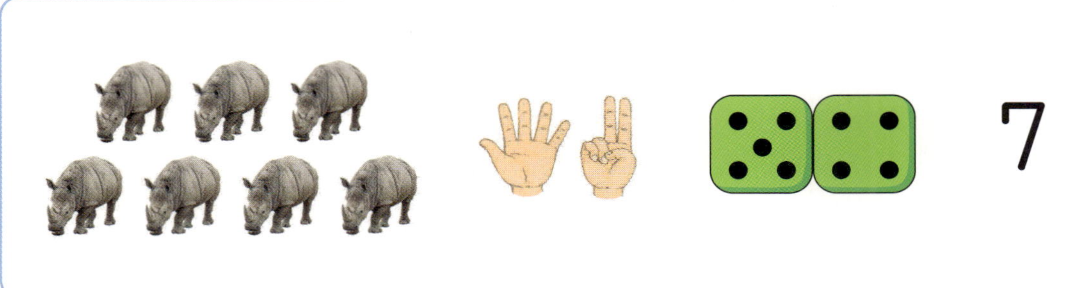

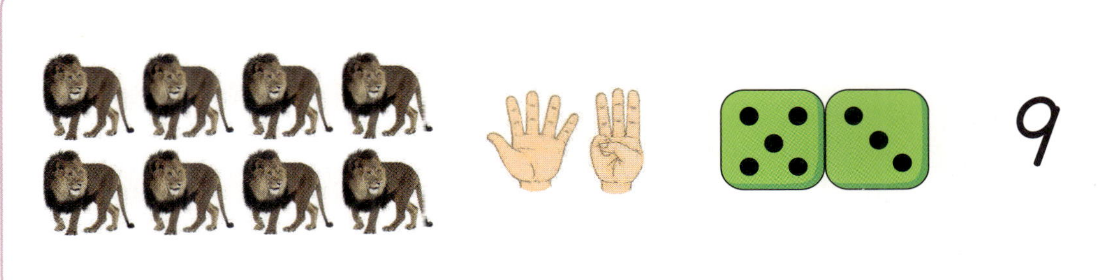

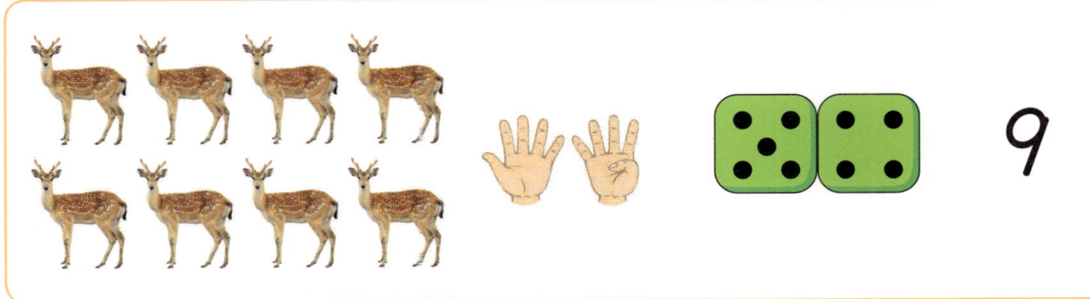

# 아프리카의 용감한 민족, 마사이족!

## 마사이족 궁금증 1, 2, 3, 4, 5

**1 마사이족은 어떻게 생겼을까?**

마사이족은 짙은 갈색 피부에 곱슬머리, 큰 키가 특징이야. 세계에서 가장 키가 큰 민족 중의 하나로 꼽혀.

**2 마사이족은 뭘 먹을까?**

옥수수 가루를 반죽해서 찐 '우가리'라는 음식과 우유를 주로 먹어.

**3 마사이족은 어떤 집에서 살까?**

소똥으로 만든 '보마'라는 집에서 살아. 소똥은 벽이 갈라지는 것을 방지하고, 차가운 밤 공기를 막아 줘.

**4 마사이족이 가장 아끼는 동물은?**

마사이족은 농사를 짓지 않고 소떼를 몰며 돌아다녀. 그래서 우유, 고기, 가죽을 얻을 수 있는 소를 가장 아낀단다.

**5 마사이족의 미남, 미녀는?**

마사이족은 어렸을 때 귓볼에 작은 구멍을 뚫고, 나뭇가지를 끼워 놓아. 귓볼이 길게 늘어날수록 미남, 미녀로 인정받기 때문이야.

**Q** 마사이족의 전통 춤 '아두무'를 추고 있는 사람들은 모두 몇 명일까요?

**A**

명

# 우리 동네 Ⅱ

# 아시아 요르단

바위산을 깎아서
도시를 만들었다고?

요르단의 페트라는 먼 옛날 사람들이 바위산을 깎아서 만든 도시야.
붉은 모래와 큰 바위들로 가득해.

산꼭대기에 있는 대신전은
1시간을 걸어 올라가야 만날 수 있어.
페트라 사람들은
주로 낙타나 말을 타고 이동해.

페트라의 바위틈에 만들어진
좁은 길은 적으로부터 안전하게
도시를 지켜주기도 했어.

요르단에는 사해라는 큰 호수도 있어.
물속에 많은 소금이 녹아 있어서
생물들이 살지 못하고, 사람이 들어가면 둥둥 떠.

혹이 1개인 낙타와 혹이 2개인 낙타가 요르단의 사막을 걸어가고 있습니다.

혹의 개수와 낙타의 수를 세어 빈칸에 알맞은 수를 써넣으세요.

 가  보다 혹이  1 개 더 많아요.

 가  보다 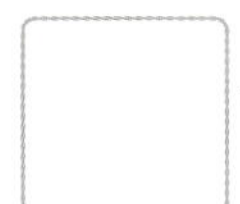 마리 더 많아요.

- 어떤 수보다 하나 더 많은 수를 1 큰 수라고 합니다.
- 하나를 더 그려 넣으면 1 큰 수가 됩니다.



**1** 그림보다 하나 더 많게 색칠하고, 빈칸에 알맞은 수를 써넣으세요.

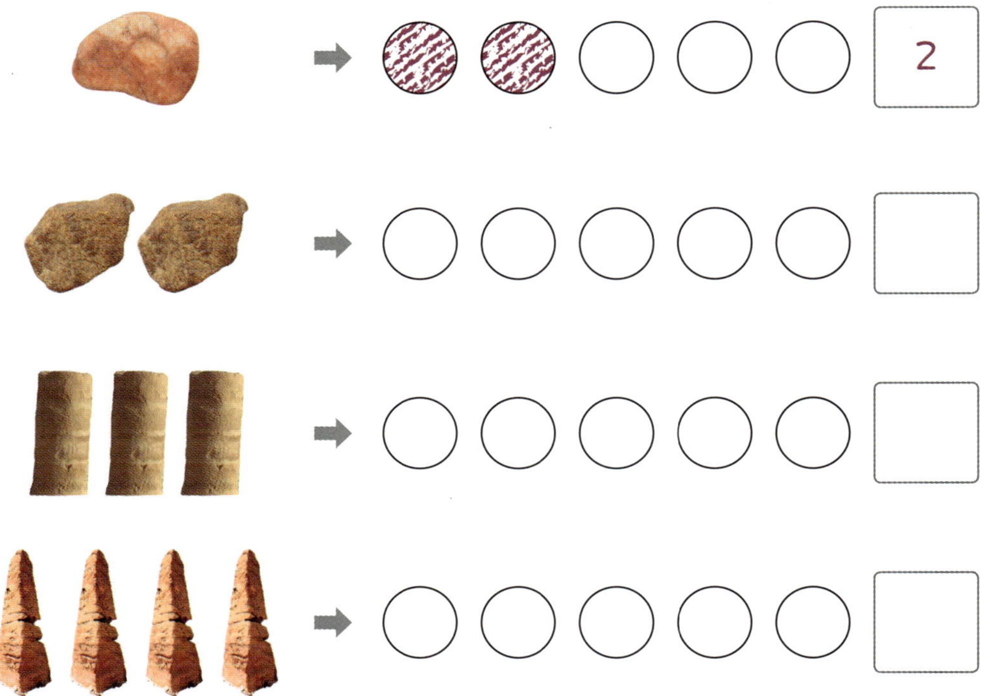

**2** 한 칸 더 뛴 곳에 ◯표 하세요.

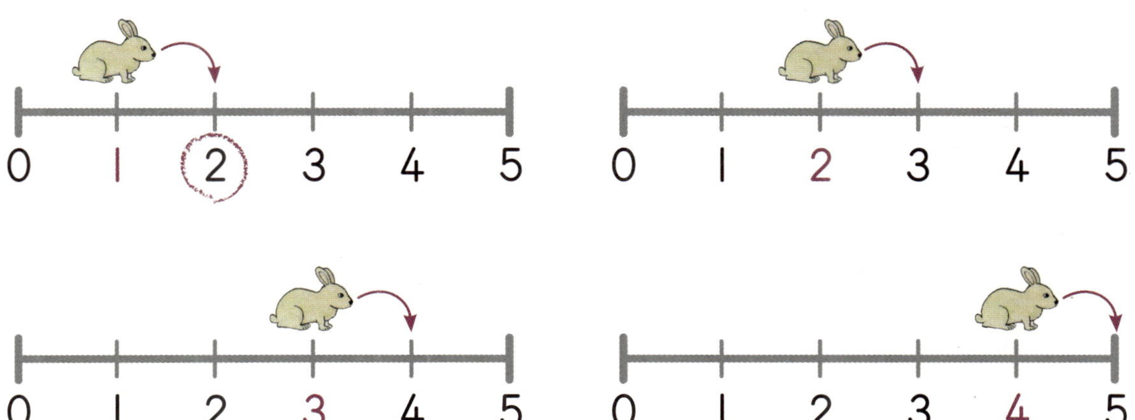

**3** 같은 수를 나타내는 것끼리 선으로 이어 보세요.

- 어떤 수보다 하나 더 적은 수를 1 작은 수라고 합니다.
- 하나를 지우면 1 작은 수가 됩니다.



**1** ⭐을 하나 지우고, 빈칸에 알맞은 수를 써넣으세요.

**2** 그림보다 하나 더 적게 색칠하고, 빈칸에 알맞은 수를 써넣으세요.

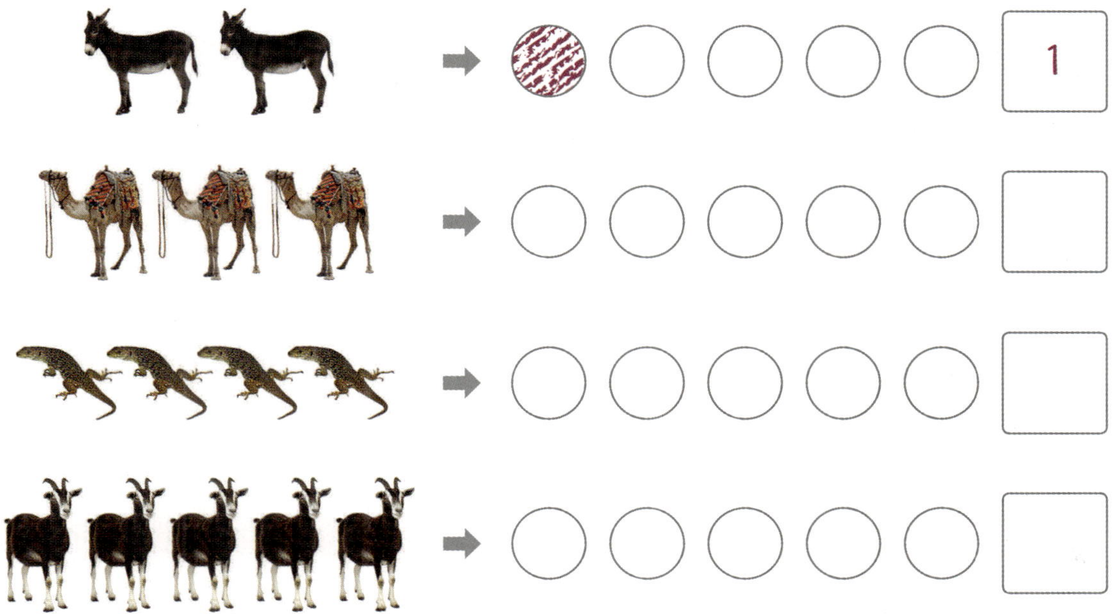

**3** 같은 수를 나타내는 것끼리 선으로 이어 보세요.

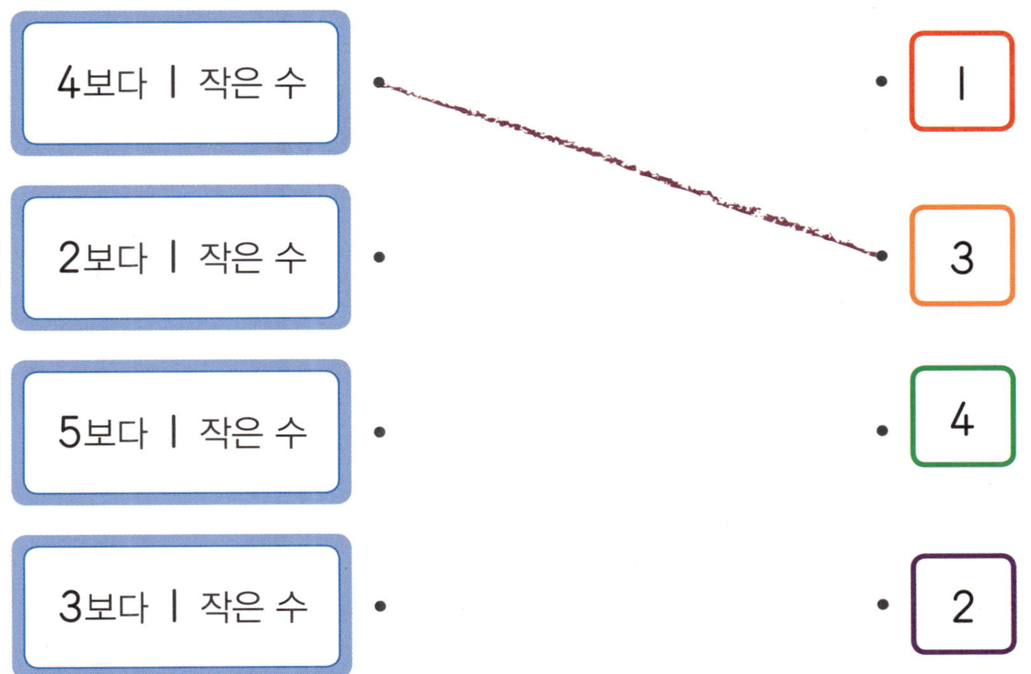

[동물의 수]

**1** 동물의 수를 세어 보고, │ 작은 수와 │ 큰 수만큼 ○를 그려 보세요.

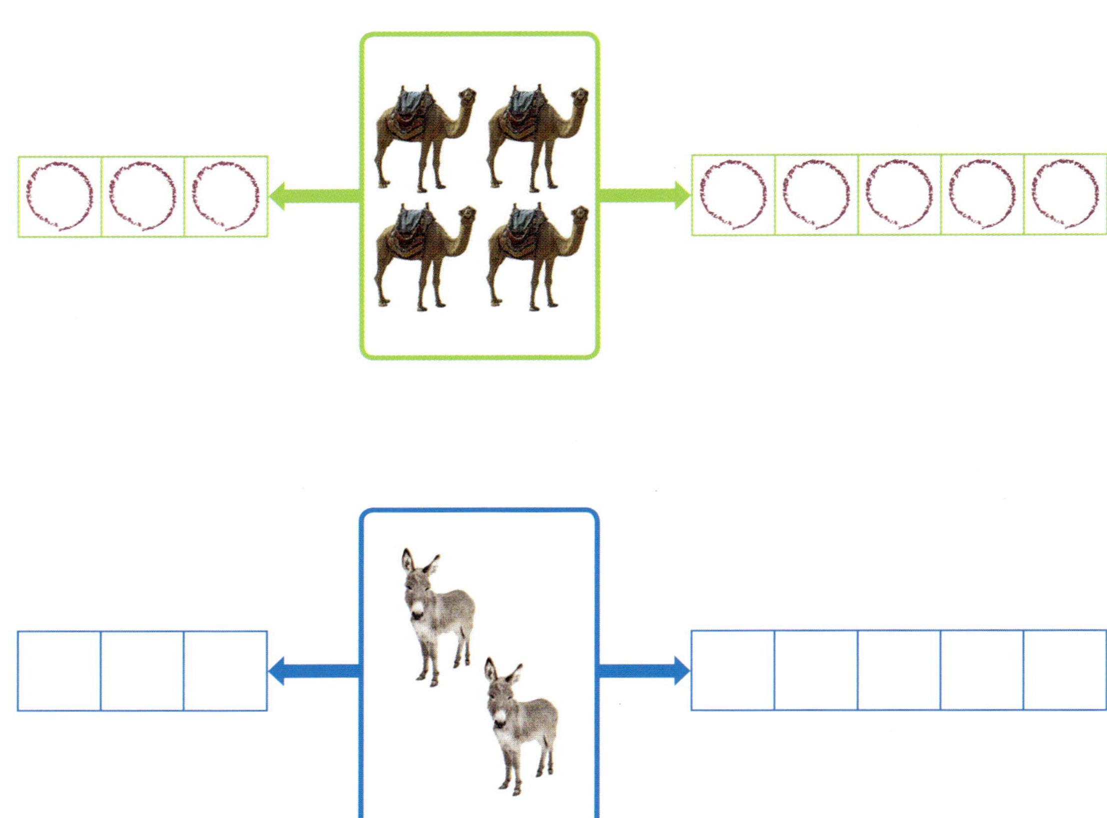

**2** 그림으로 나타내고, 빈칸에 알맞은 수를 써넣으세요.

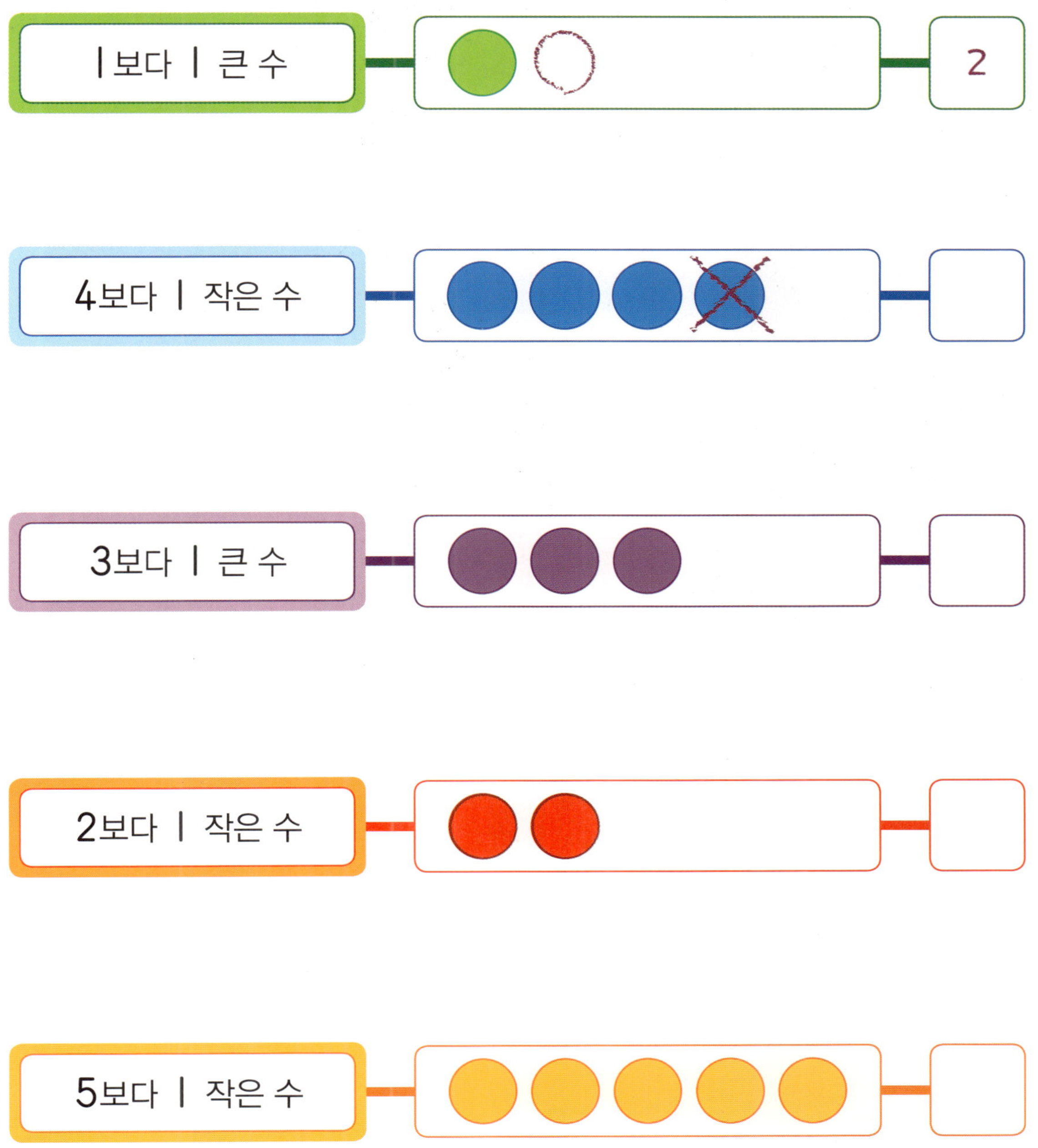

[많다, 적다]

**3** 수를 세어 빈칸을 채우고, 알맞은 말에 ◯표 하세요.

 2 명　 □ 대　 □ 마리

 는  보다 하나 더 ( 많습니다 , (적습니다) ).

 은  보다 하나 더 ( 많습니다 , 적습니다 ).

 는  보다 하나 더 ( 많습니다 , 적습니다 ).

**4** 같은 수를 나타내는 것끼리 선으로 이어 보세요.

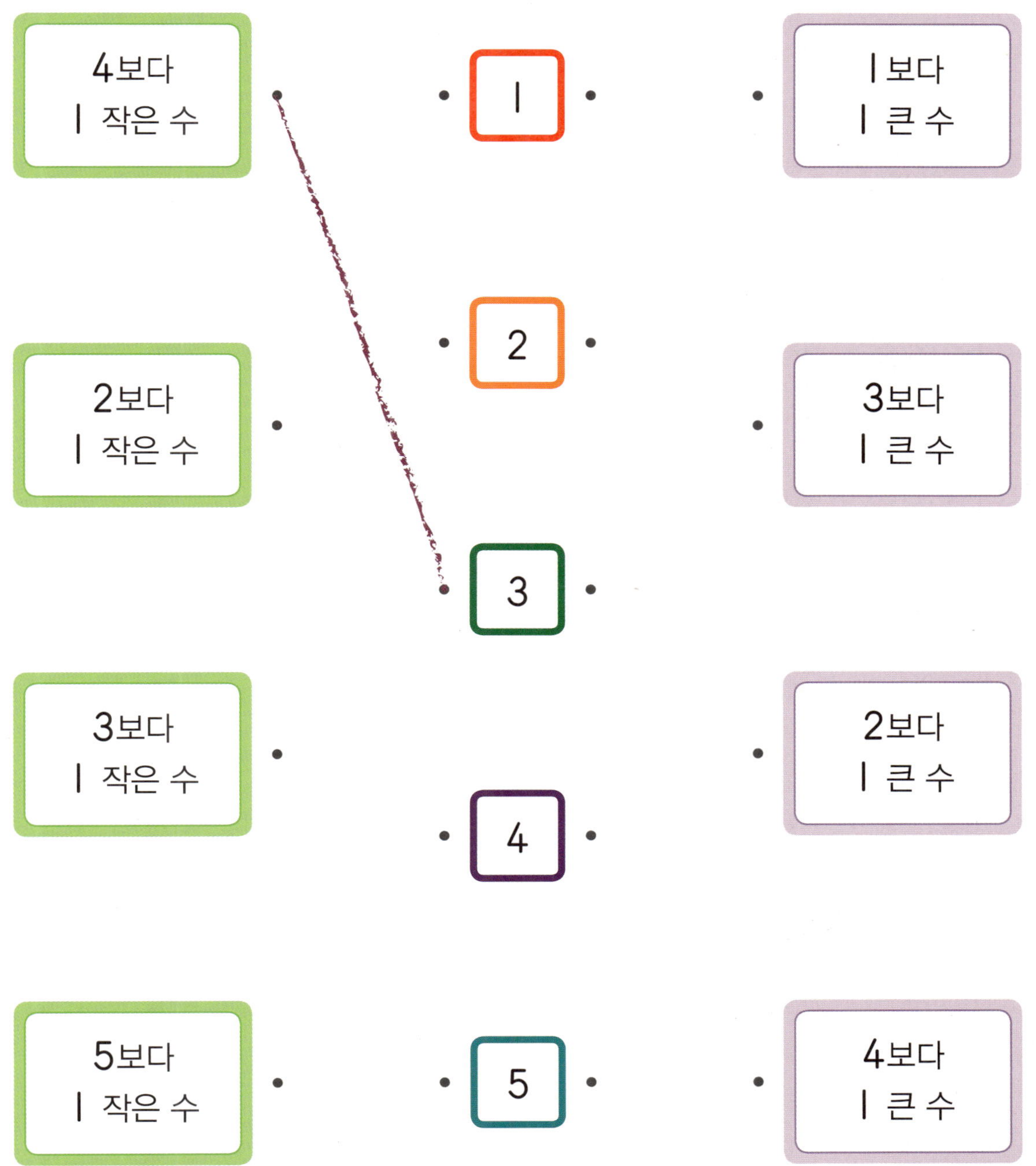

ㅣ 큰 수와 ㅣ 작은 수를 찾아봅시다.

### 게임 방법

**1** 게임판에 쓰여진 수를 보고, 가로 또는 세로로 ㅣ 큰 수와 ㅣ 작은 수의 관계에 있는 수를 찾습니다.

**2** 찾은 두 수에 붙임 딱지를 붙이고, 다음과 같이 이야기합니다.

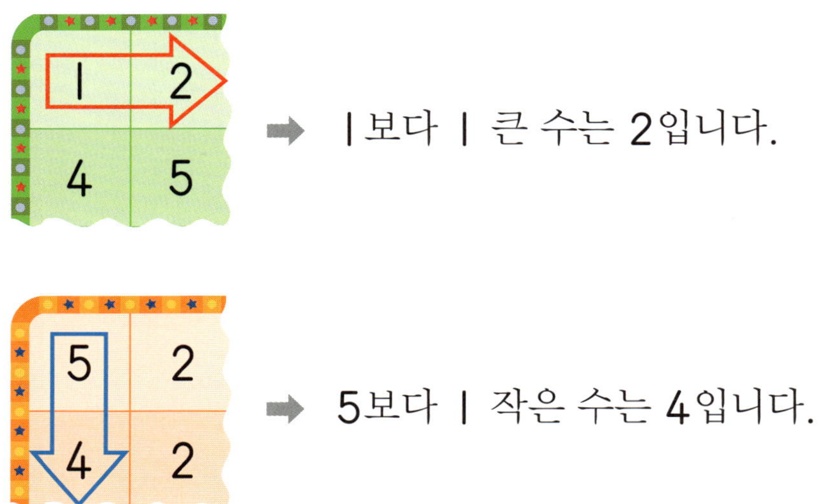


**3** ㅣ 큰 수와 ㅣ 작은 수의 관계에 있는 수들을 모두 찾아 **2**의 과정을 반복합니다.

## | 큰 수 찾기

| | | | |
|---|---|---|---|
| 1 | 2 | 5 | 4 |
| 4 | 5 | 3 | 1 |
| 2 | 2 | 2 | 4 |
| 3 | 1 | 5 | 5 |

## | 작은 수 찾기

| | | | |
|---|---|---|---|
| 5 | 2 | 1 | 3 |
| 4 | 2 | 4 | 4 |
| 1 | 2 | 5 | 2 |
| 1 | 4 | 3 | 1 |

# 하나 더 많게 붙여요.

요르단의 여러 가지 색깔의 모래를 이용하여 만든 모래병입니다. 왼쪽 그림 보다 하나 더 많게 붙임 딱지를 붙여 보세요.

붙임 딱지   공예품

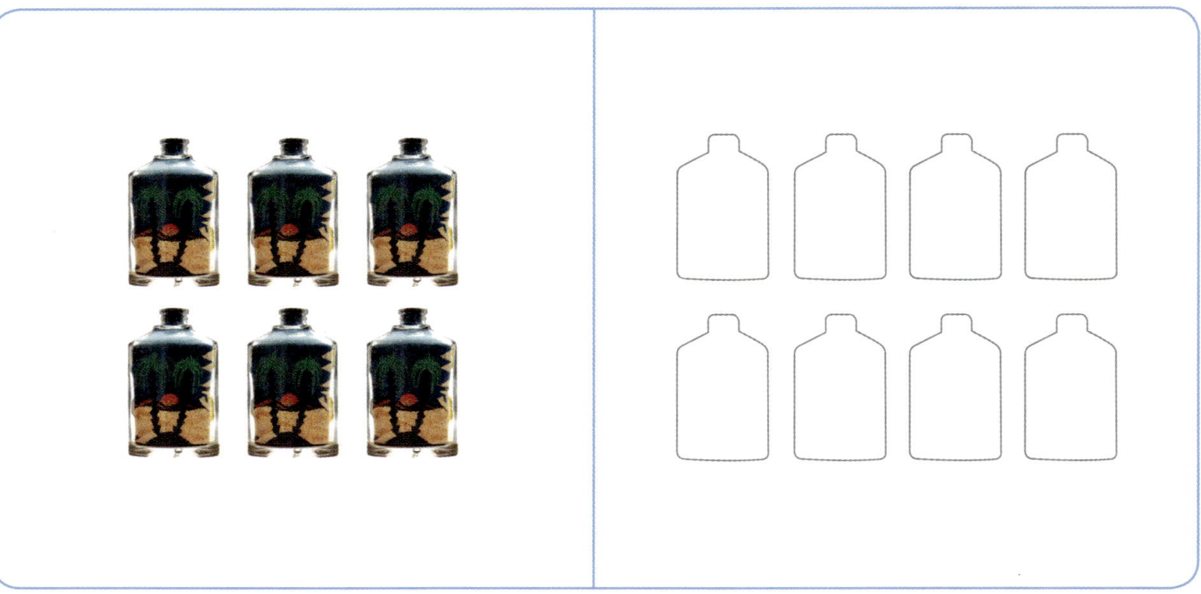

왼쪽 그림보다 하나 더 많게 붙임 딱지를 붙이고, 빈칸에 알맞은 수를 써넣으세요.



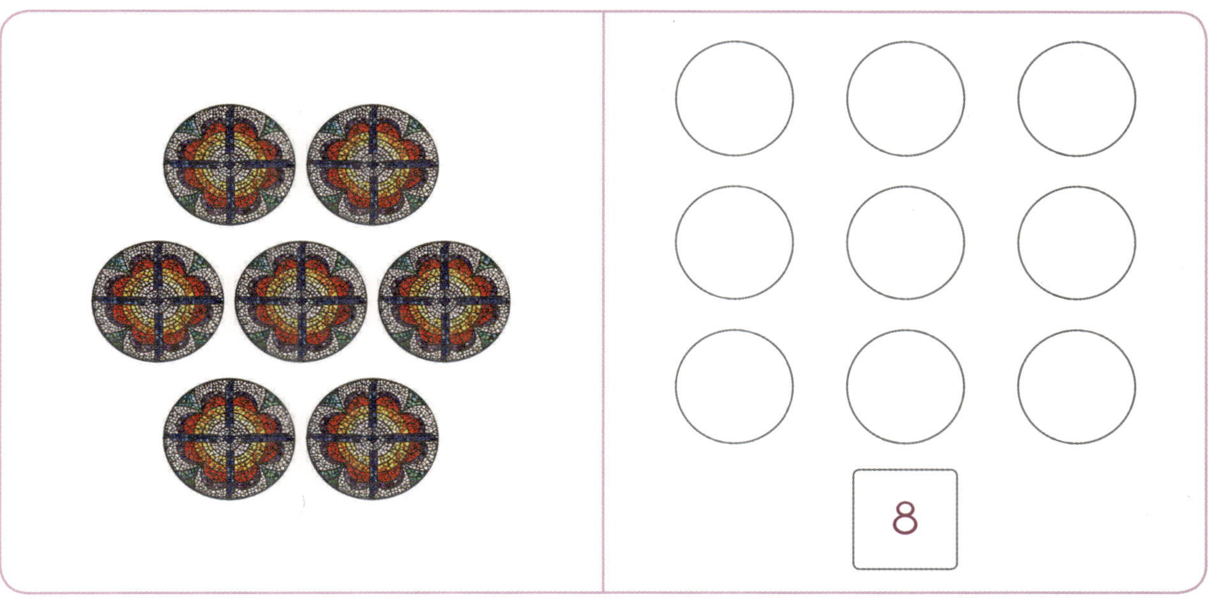

8

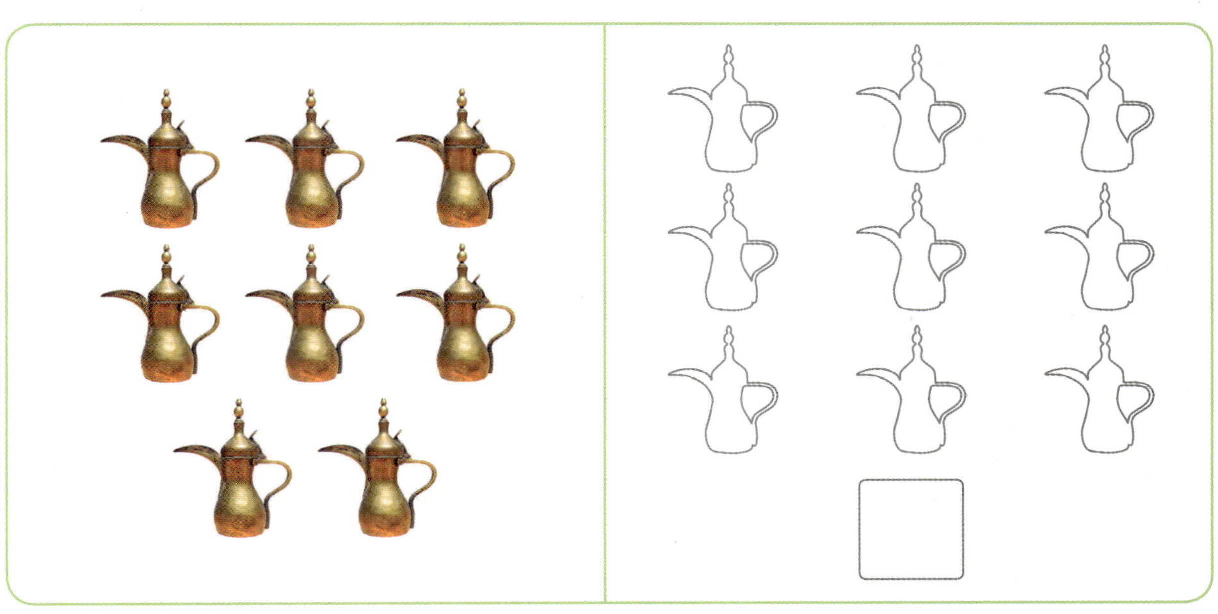

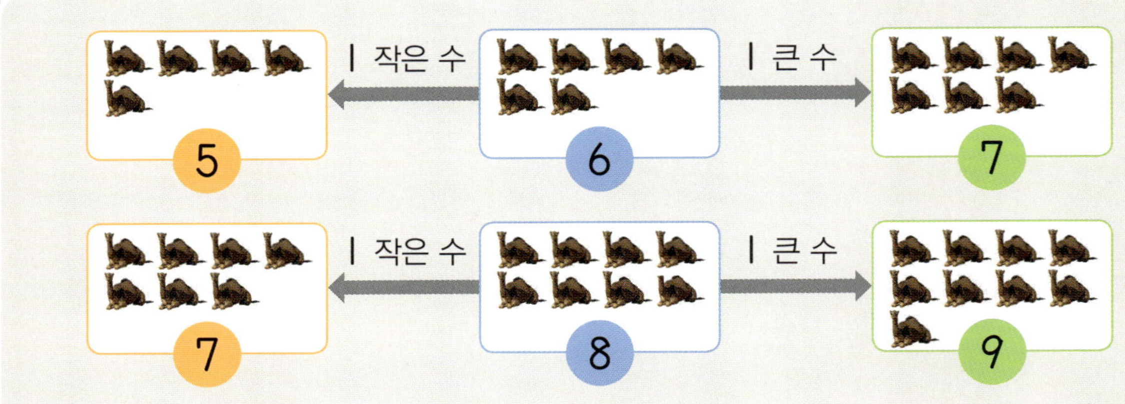

- 6보다 1 큰 수는 7, 6보다 1 작은 수는 5입니다.
- 8보다 1 큰 수는 9, 8보다 1 작은 수는 7입니다.
- 7은 6보다 1 큰 수이고, 8보다 1 작은 수입니다.

**1** 그림보다 하나 더 적은 수에 ○표 하세요.

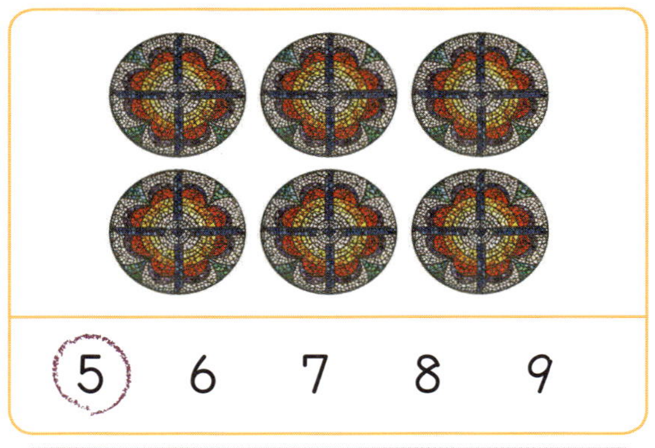

(5)  6  7  8  9

5  6  7  8  9

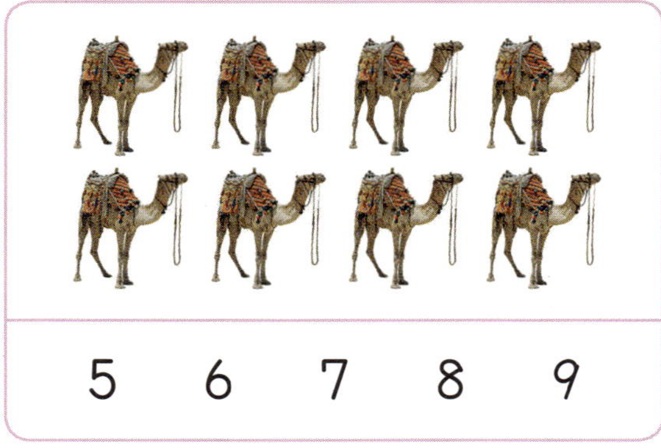

5  6  7  8  9

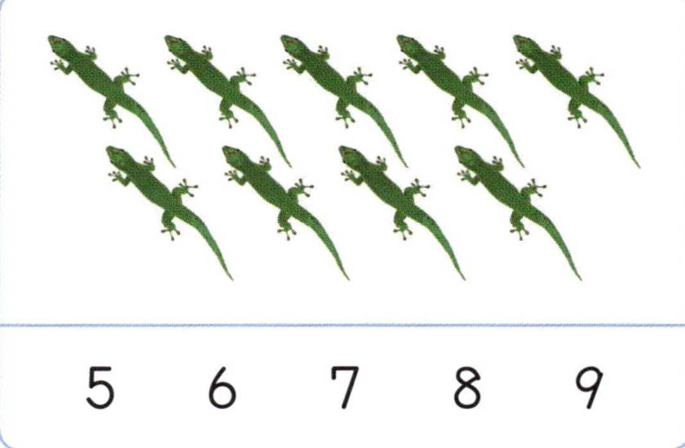

5  6  7  8  9

**2** 그림보다 하나 더 많은 수를 빈칸에 써넣으세요.

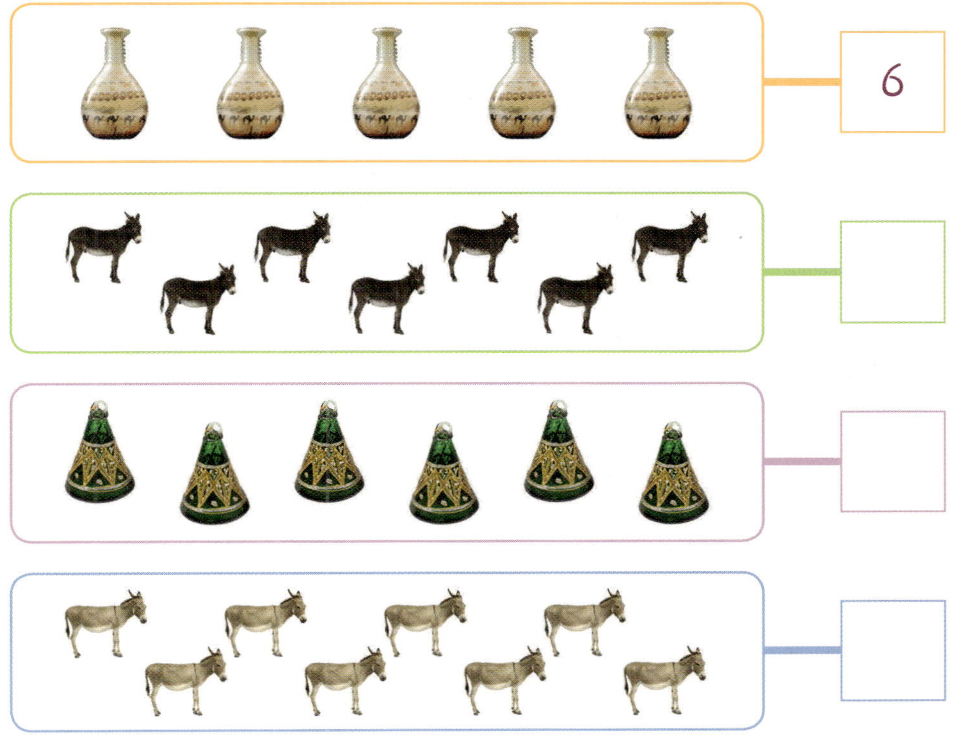

**3** 빈칸에 알맞은 수를 써넣으세요.

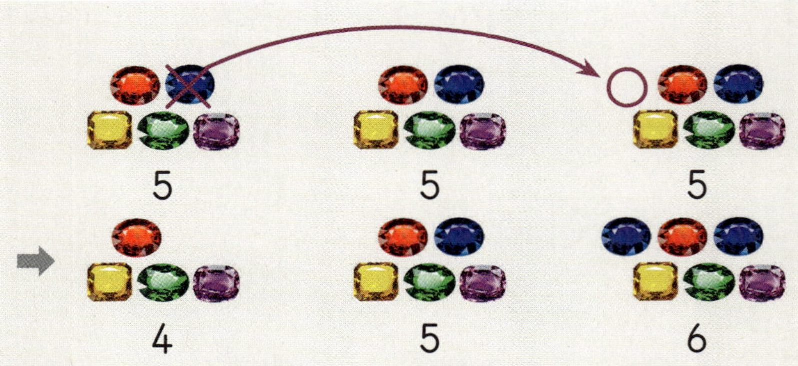

5　　　5　　　5

4　　　5　　　6

같은 수 3개로 Ⅰ 작은 수와 Ⅰ 큰 수를 만들 수 있습니다.

1. 보석이 5개, 5개, 5개 있습니다.

2. Ⅰ개의 보석을 옮깁니다.

3. 보석은 4개, 5개, 6개가 됩니다.

**1** 6보다 Ⅰ 큰 수와 Ⅰ 작은 수를 만드는 과정입니다. 빈칸에 알맞은 수를 써넣으세요.

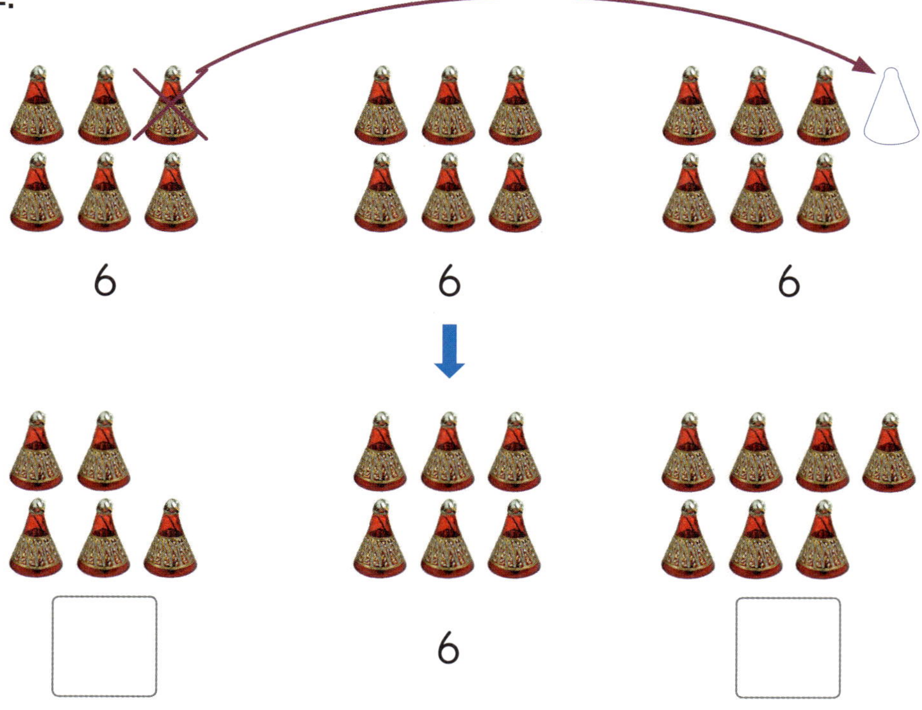

6　　　6　　　6

6

**2** 화살표를 따라 1개를 옮겼습니다. 빈칸에 알맞은 수를 써넣으세요.

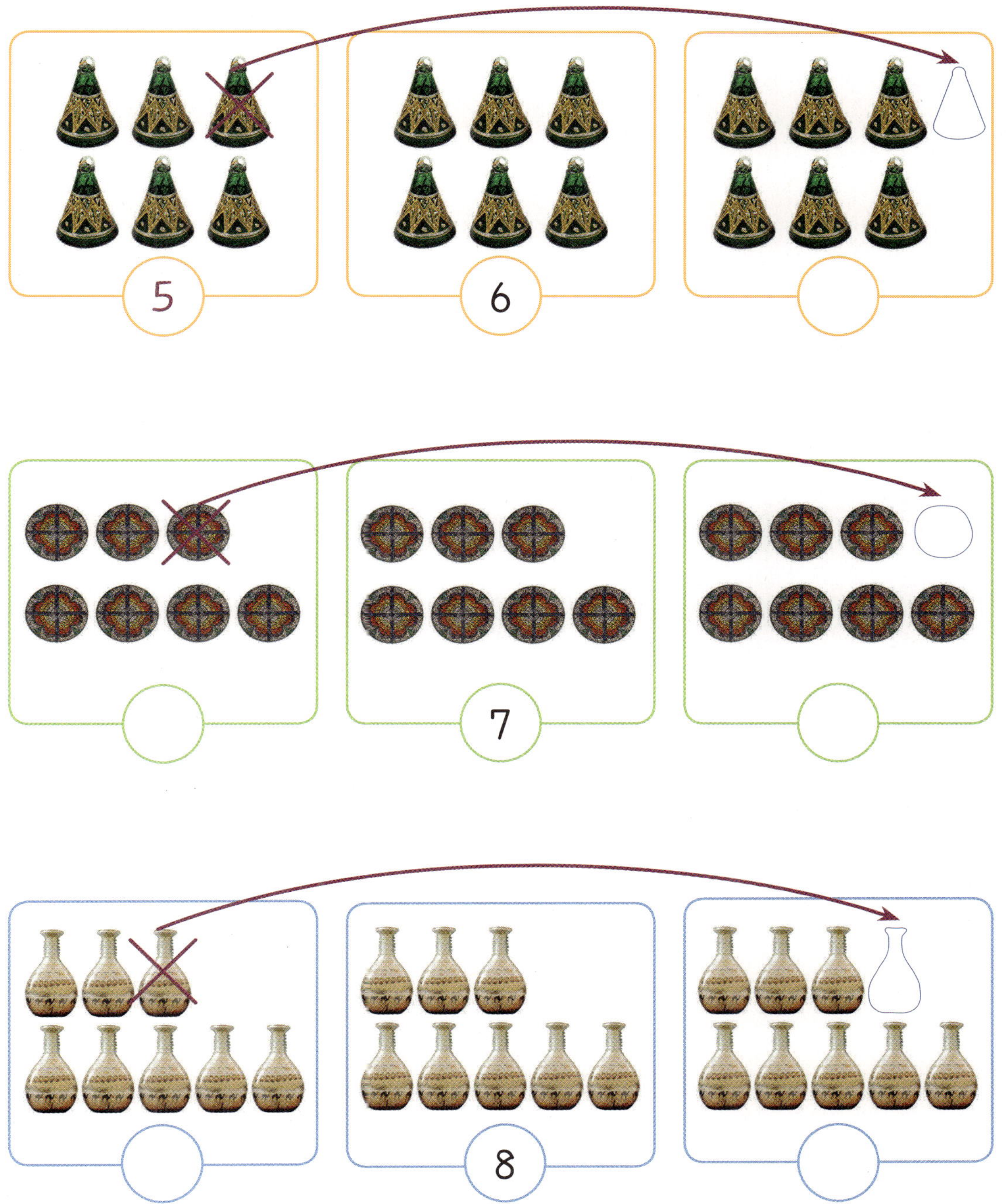

[문장 완성]

**1** 주어진 수나 말을 빈칸에 알맞게 넣어 문장을 완성하세요.

7 은 8 보다 | 수입니다.

**2** ◦ 보기 와 같이 선인장 l 개를 옮겨 그림을 완성하고, 빈칸에 알맞은 수를 써 넣으세요.

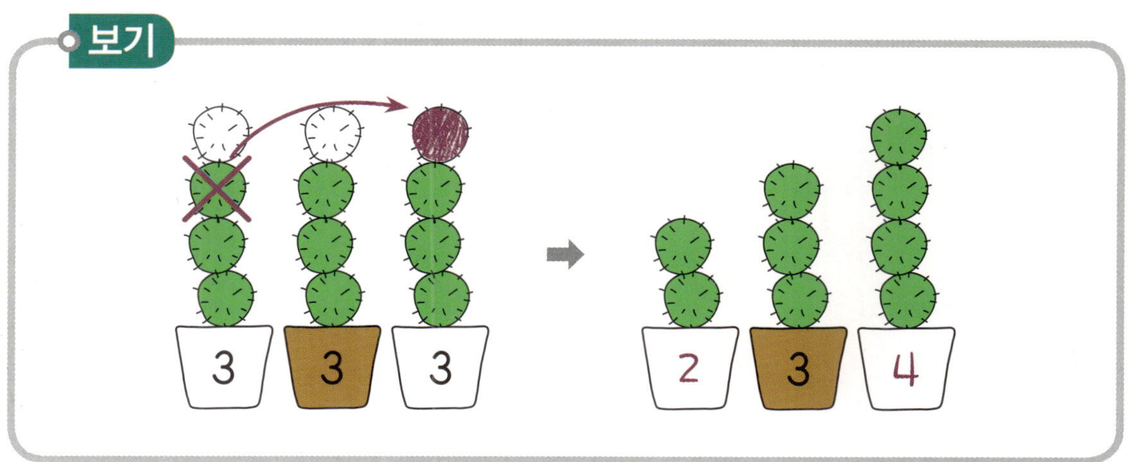


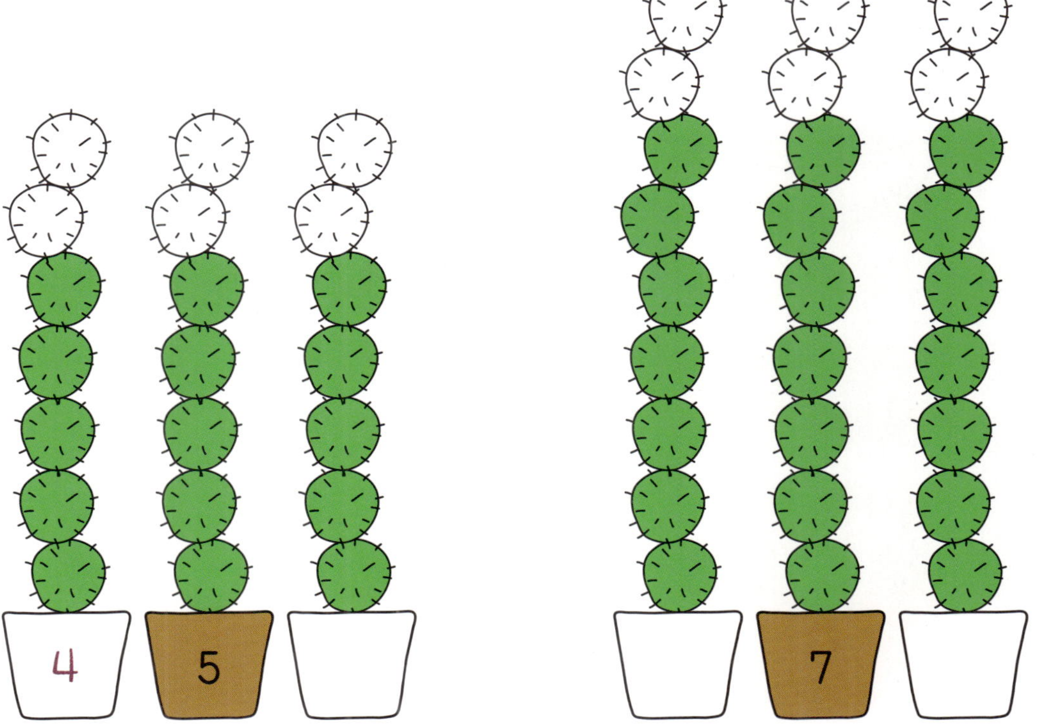

[많다, 적다]

**3** 수를 세어 빈칸을 채우고, 알맞은 말에 ○표 하세요.

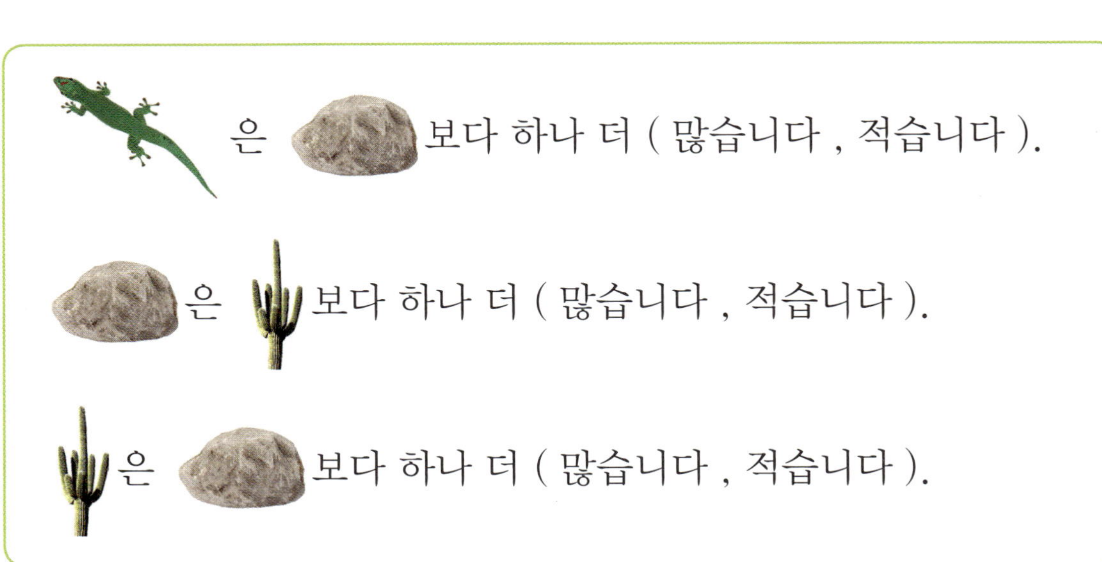

**4** 화살표 규칙에 따라 빈칸에 알맞은 수를 써넣으세요.

# 베두인은 어떤 사람들일까요?

## 베두인 궁금증 1, 2, 3, 4, 5

**1 베두인은 무슨 뜻일까?**

'사막에 사는 사람들'이라는 뜻이야. 중동 사막지대에 사는 모든 유목민들을 베두인이라고 해.

**2 베두인은 무엇을 하며 살까?**

사막의 오아시스를 찾아 이동하면서, 낙타나 양, 염소 등을 기르며 사는데 요즘에는 도시에 사는 베두인도 많아졌어.

**3 베두인들이 입는 옷은?**

남자와 여자 모두 '갈라베야'라고 하는 온 몸을 감싸는 통이 넓은 긴 옷을 입어.

**4 베두인들의 주식은?**

낙타 젖으로 만든 요구르트와 화덕에서 구운 빵을 먹어.

**5 베두인들의 종교는?**

기독교, 불교와 함께 세계 3대 종교인 이슬람교를 믿어.

**Q** 사람과 낙타의 수를 세어 보고, 알맞은 말에 ○표 하세요.

**A**

낙타는 사람보다 하나 더 ( 많습니다, 적습니다 ).

# 우리 동네 Ⅲ

# 유럽 이탈리아

곤돌라를 타고 베네치아 구석구석을 구경해 볼까?

이탈리아의 베네치아는 물의 도시야.
수많은 섬들이 다리로 연결되어 있어서
바다 위에 떠 있는 도시처럼 보여.

베네치아에서는
곤돌라를 타고 이동해.
뱃사공이 직접 노를 저으며
노래를 불러주기도 하지.

이탈리아에서 가장 유명한 성당인
산 마르코 대성당이야.
대리석으로 지은 아름다운 건축물로
황금빛의 배경을 가진 모자이크로 장식되어 있어.

한숨의 다리는 재판을 받는 궁전과
감옥을 연결하는 다리야.
죄인들은 다리를 건너갈 때
창문으로 밖을 보며
많은 걱정에 한숨을 쉬었다고 해.

# 어느 배에 더 많이 탔을까요?

3명을 곤돌라 2대에 나누어 태우고, 사람이 더 많은 쪽에 ○표 한 것입니다.

2

1

붙임 딱지를 사용하여 **5**명을 곤돌라 **2**대에 나누어 태우고, 사람이 더 많은 쪽에 ○표 하세요.

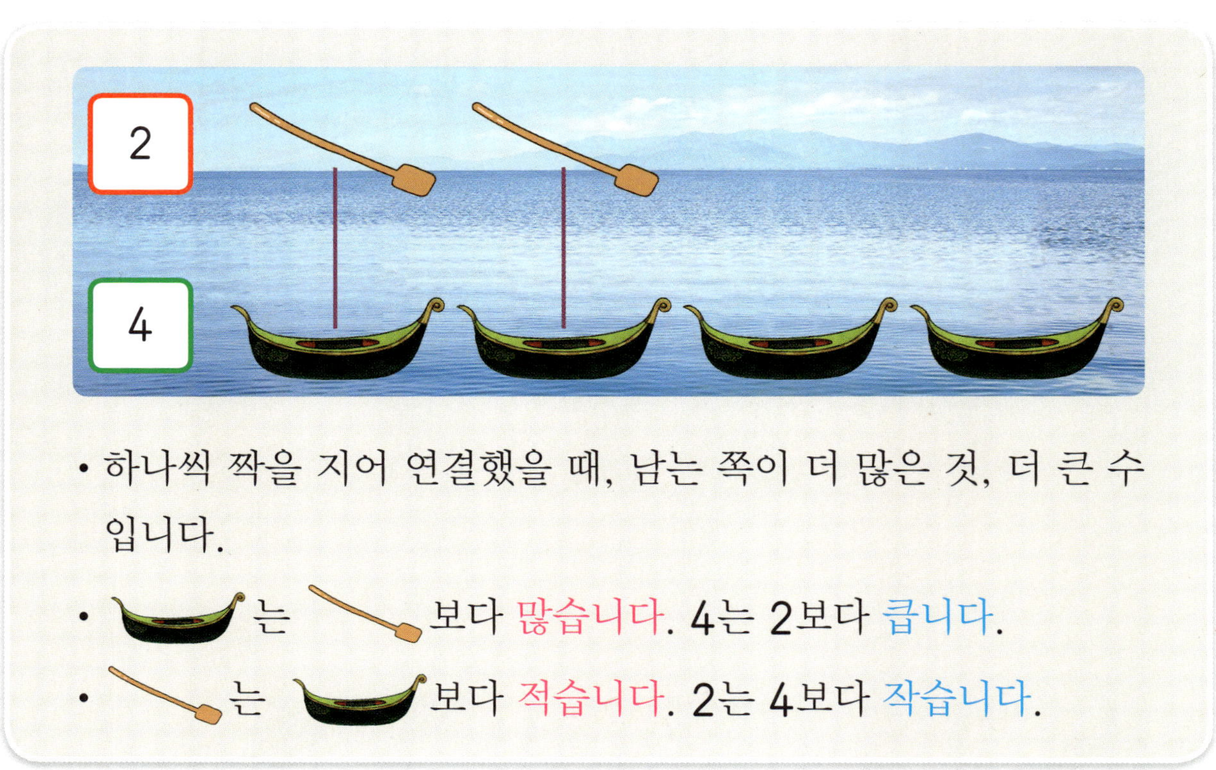

- 하나씩 짝을 지어 연결했을 때, 남는 쪽이 더 많은 것, 더 큰 수입니다.

- ⬛ 는 ⬛ 보다 많습니다. 4는 2보다 큽니다.
- ⬛ 는 ⬛ 보다 적습니다. 2는 4보다 작습니다.

**1** 하나씩 짝을 지어 연결하고, 더 많은 쪽에 ◯표 하세요.

**2** 수만큼 색칠하고 더 큰 수에 ◯표 하세요.

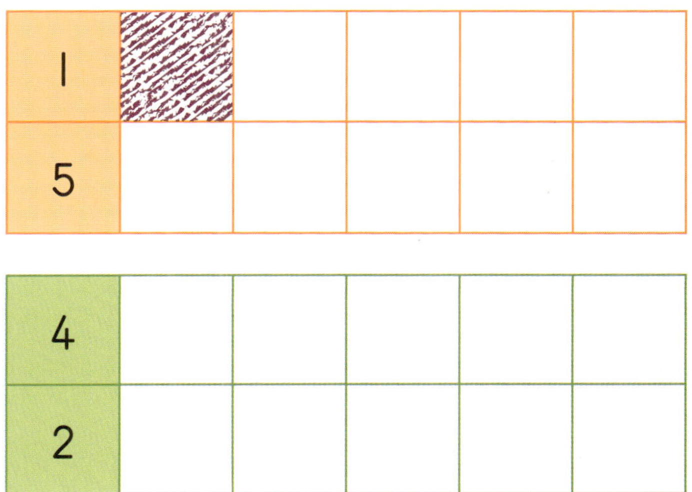

**3** 하나씩 짝을 지어 연결하고, 알맞은 말에 ◯표 하세요.

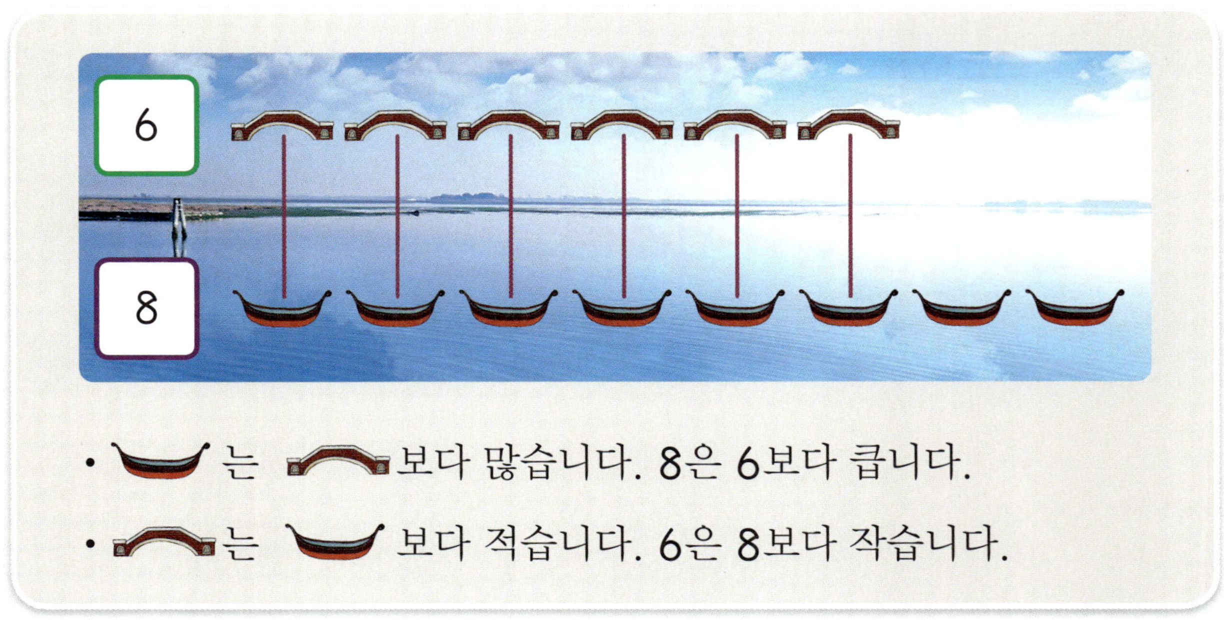

6

8

- 는 　 보다 많습니다. 8은 6보다 큽니다.
- 는 　 보다 적습니다. 6은 8보다 작습니다.

**1** 하나씩 짝을 지어 연결하고 더 많은 쪽에 ◯표 하세요.

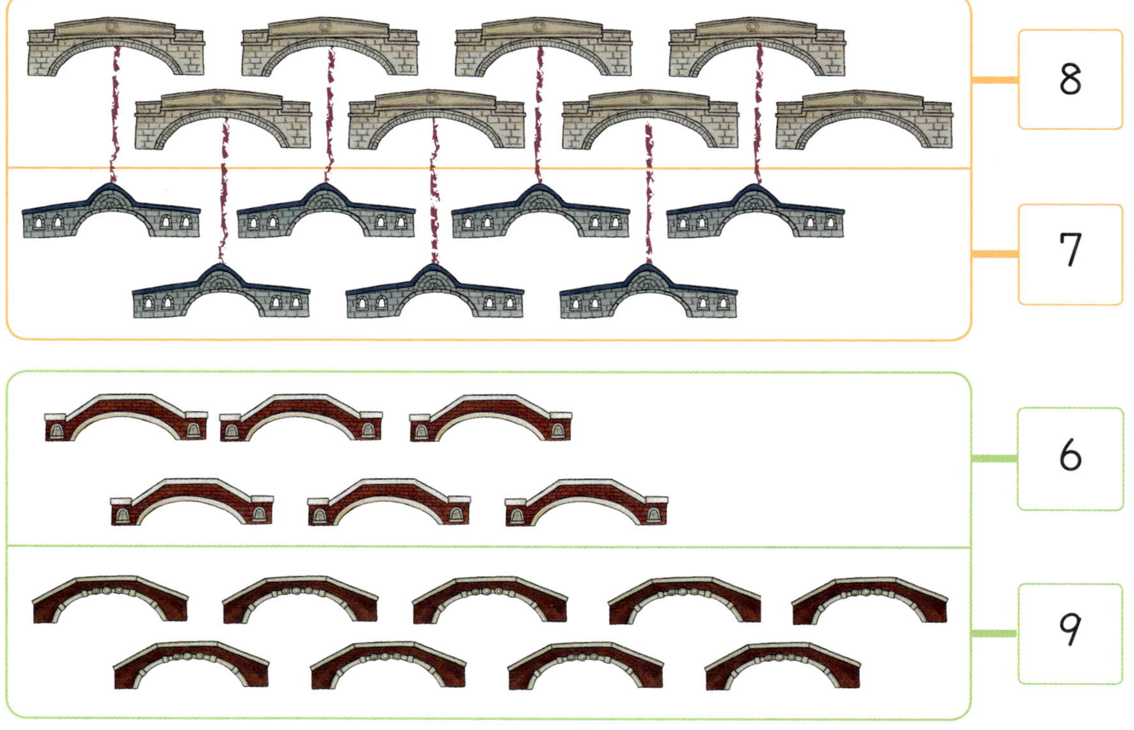

8

7

6

9

**2** 수를 세어 빈칸에 쓰고, 더 많은 쪽에 ○표 하세요.

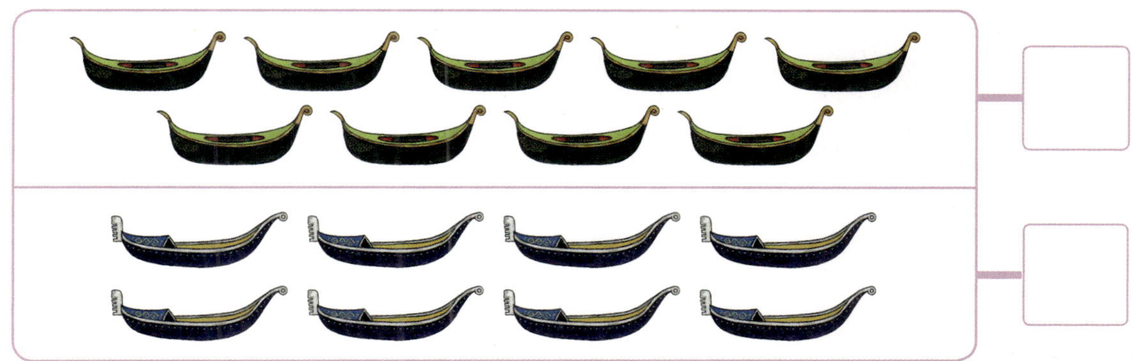

**3** 왼쪽 수만큼 △를 그리고, 알맞은 말에 ○표 하세요.

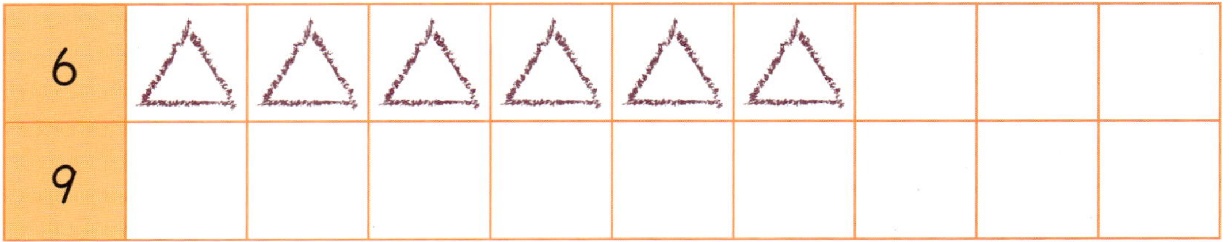

6은 9보다 ( 큽니다 , 작습니다 ).

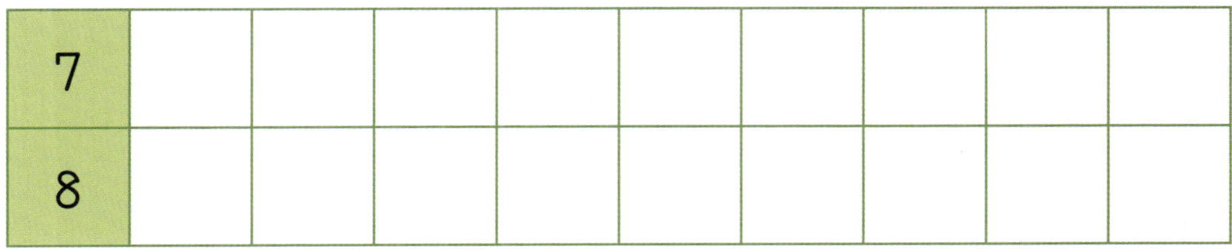

8은 7보다 ( 큽니다 , 작습니다 ).

[곤돌라의 개수]

**1** 곤돌라의 수를 세어 빈칸에 쓰고, 알맞은 말에 ◯표 하세요.

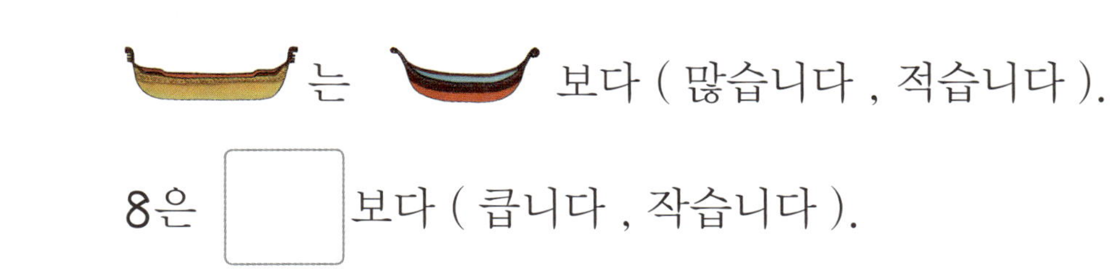

[큰 수]

**2** 왼쪽 수보다 더 큰 수를 모두 찾아 ◯표 하세요.

| 4 | | 1 | 5 | 3 | 2 | 6 |

| 5 | | 6 | 1 | 3 | 4 | 8 |

| 3 | | 4 | 1 | 2 | 5 | 7 |

[작은 수]

**3** 왼쪽 수보다 더 작은 수를 모두 찾아 △표 하세요.

| 6 | | 2 | 8 | 7 | 5 | 9 |

| 5 | | 8 | 3 | 6 | 1 | 9 |

| 7 | | 5 | 4 | 9 | 2 | 8 |

[5가 되는 짝짓기]

**4** 5명이 되도록 선으로 연결하고, 사람이 더 많은 쪽에 ◯표 하세요.

**5** 곤돌라는 갈림길에서 더 큰 수쪽으로 지나갑니다. 곤돌라가 지나는 길을 선
으로 그려 보세요.

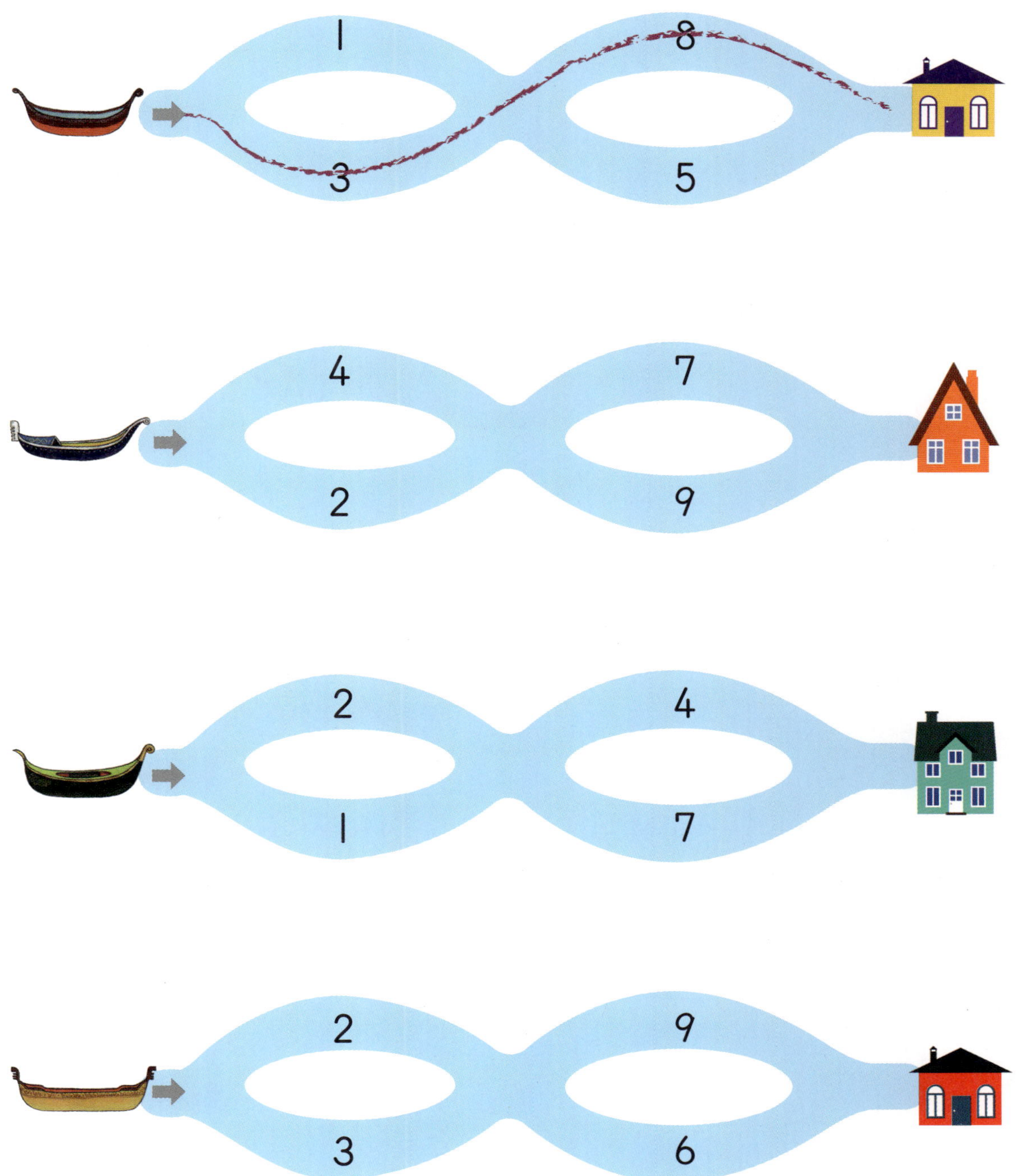

# 주사위를 굴려라!

주사위를 굴려 누구의 주사위의 눈의 수가 더 큰지 알아봅시다.

## 게임 방법

❶ 두 사람이 동시에 주사위를 던져 나온 눈의 수를 비교합니다.

❷ 더 큰 수가 나온 사람만 나온 수만큼 말을 옮깁니다.

❸ 말이 도착한 곳의 곤돌라의 수만큼 점수판의 ○를 색칠합니다.

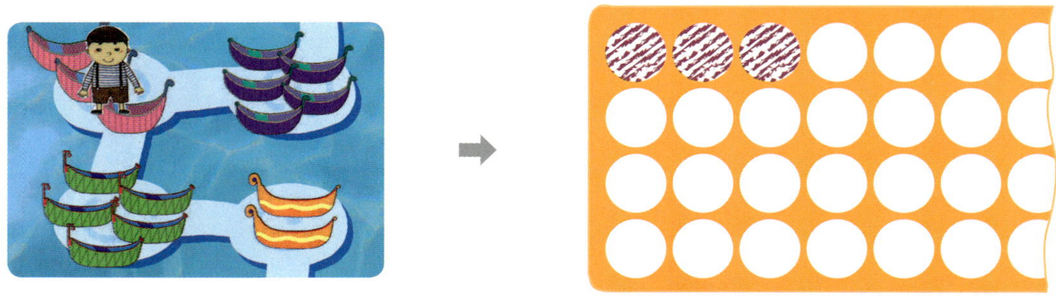

❹ 한 명이 먼저 끝 에 도착하면 게임이 끝나고, ○를 더 많이 색칠한 사람이 이깁니다.

점수판

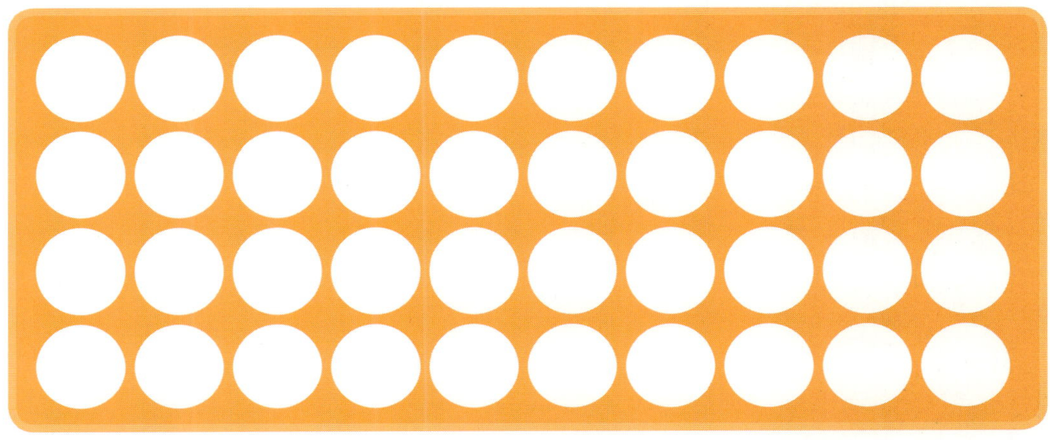

## 똑같이 나눌 수 있을까요?

베네치아에서는 가면 축제가 열립니다. 여러 가지 색깔의 고깔 모자와 가면들이 많습니다.

그림 속에 가면을 쓴 사람이 3명, 4명, 5명, 6명 있습니다. 2모둠으로 똑같이 나눌 수 있는 것은 나누어 묶어 보세요. 또, 나눌 수 없는 것에는 ✕표 하세요.

3명

4명

5명

6명

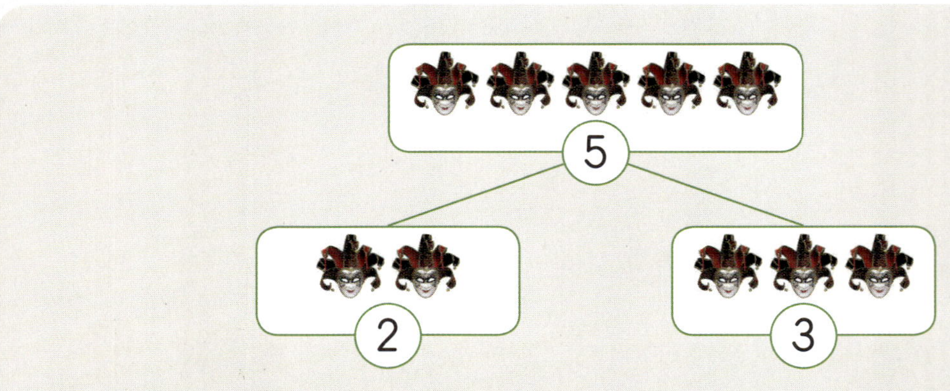

- 5는 2와 3으로 가를 수 있습니다.
- 5는 똑같이 가를 수 없습니다.

**1** 빈칸에 알맞은 수를 써넣으세요.

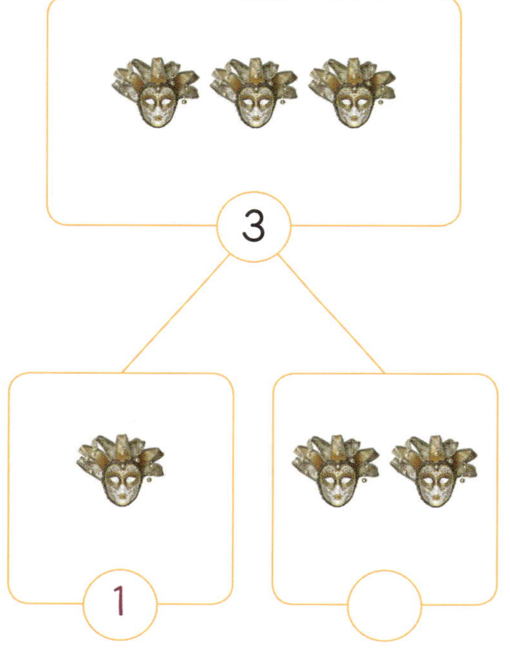

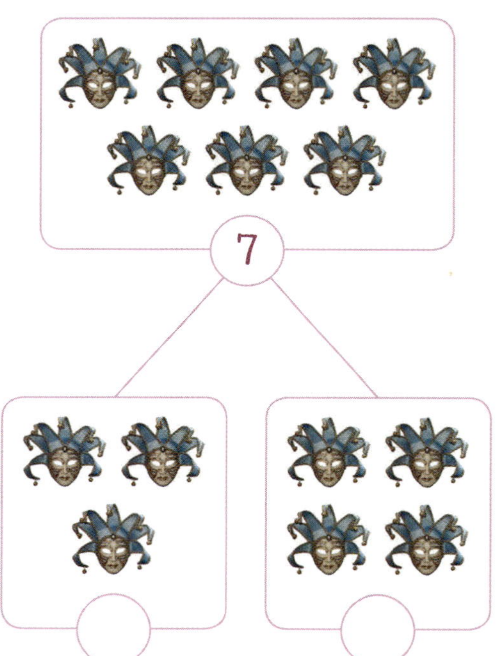

**2** 5를 가르기하여 빈 곳에 알맞게 ◯표 하고, 알맞은 수를 써넣으세요.

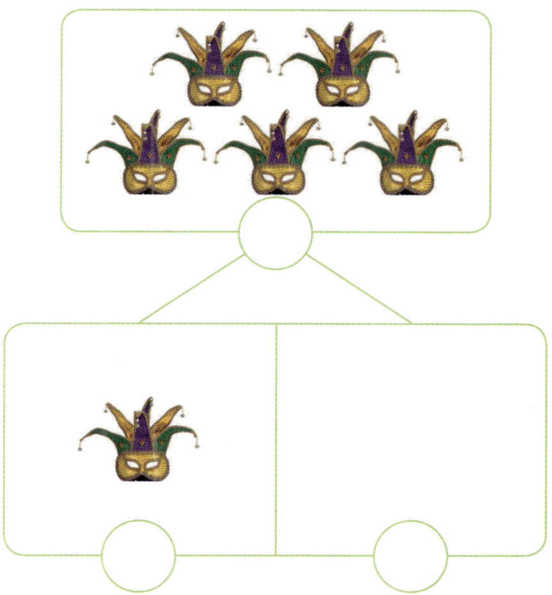

**3** 빈칸에 알맞은 수를 써넣으세요.

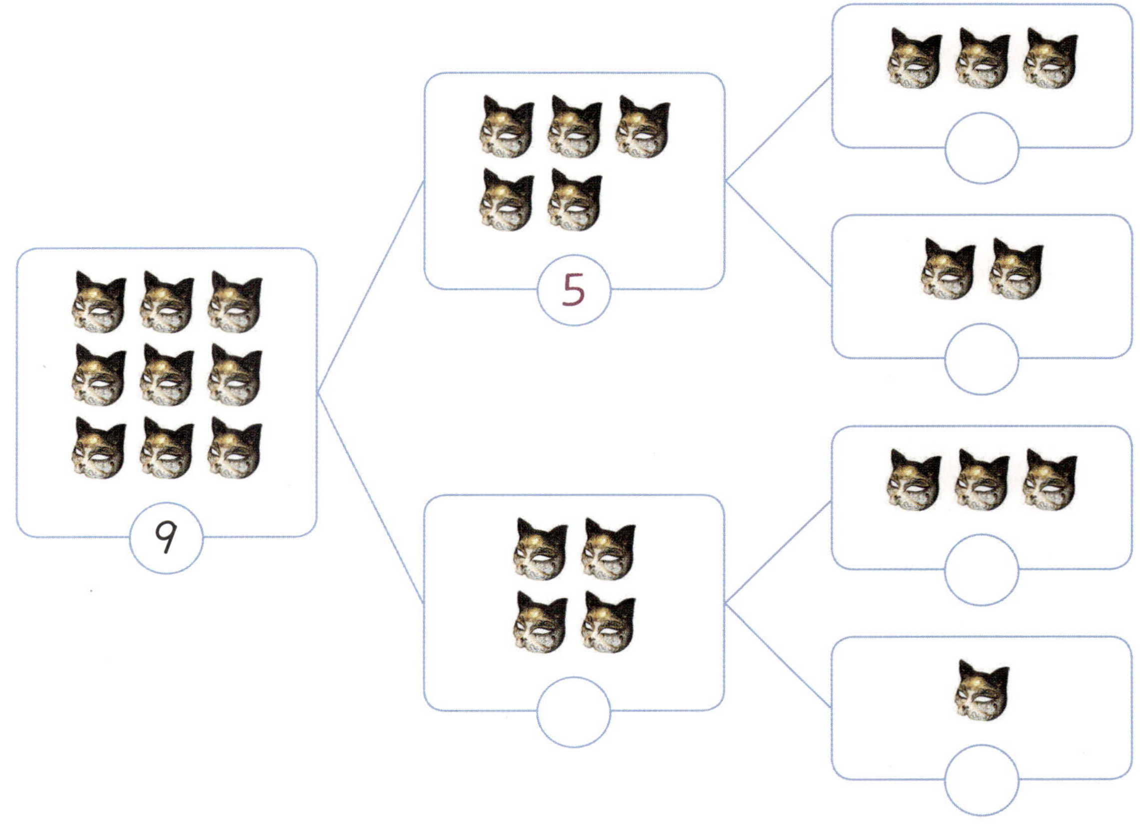

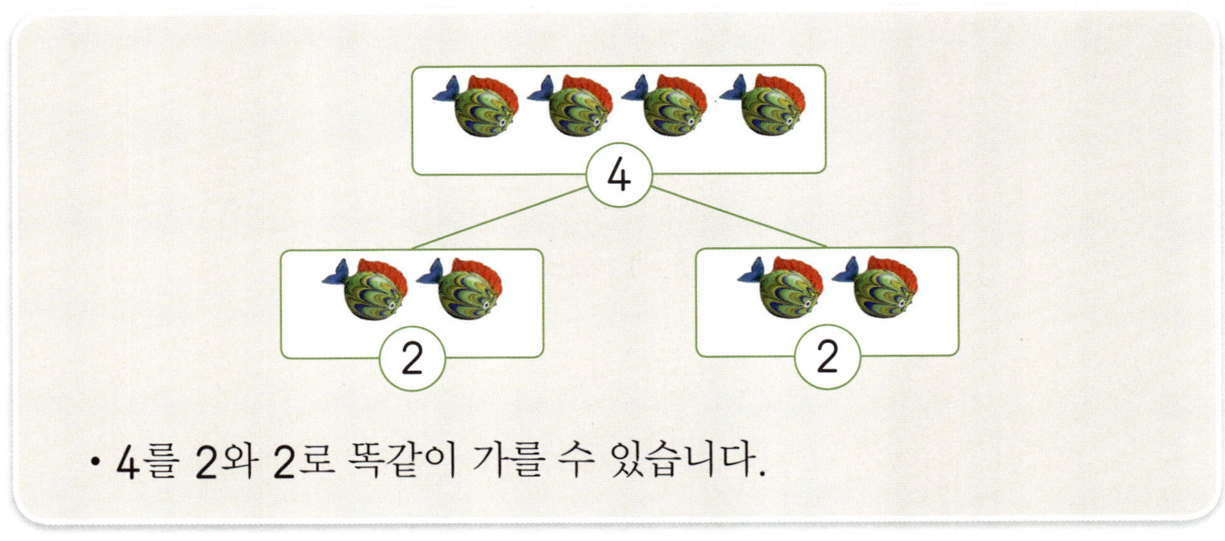

- 4를 2와 2로 똑같이 가를 수 있습니다.

**1** 빈칸에 알맞은 수를 써넣으세요.

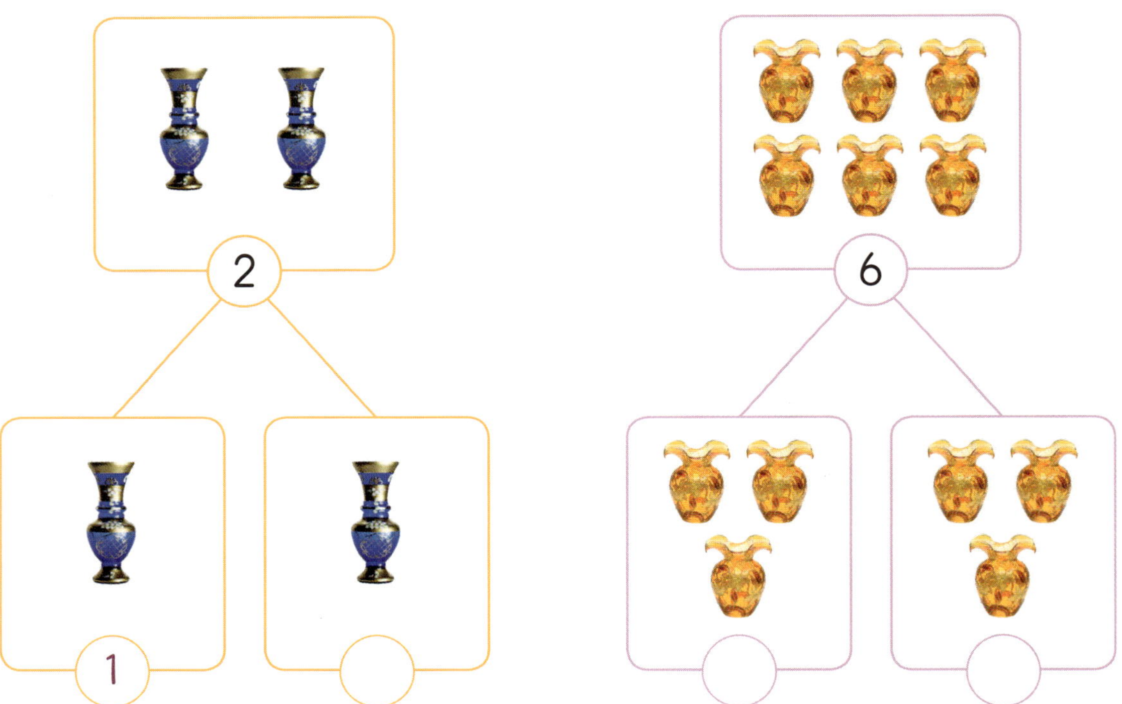

**2** 빈칸에 알맞은 수를 써넣으세요.

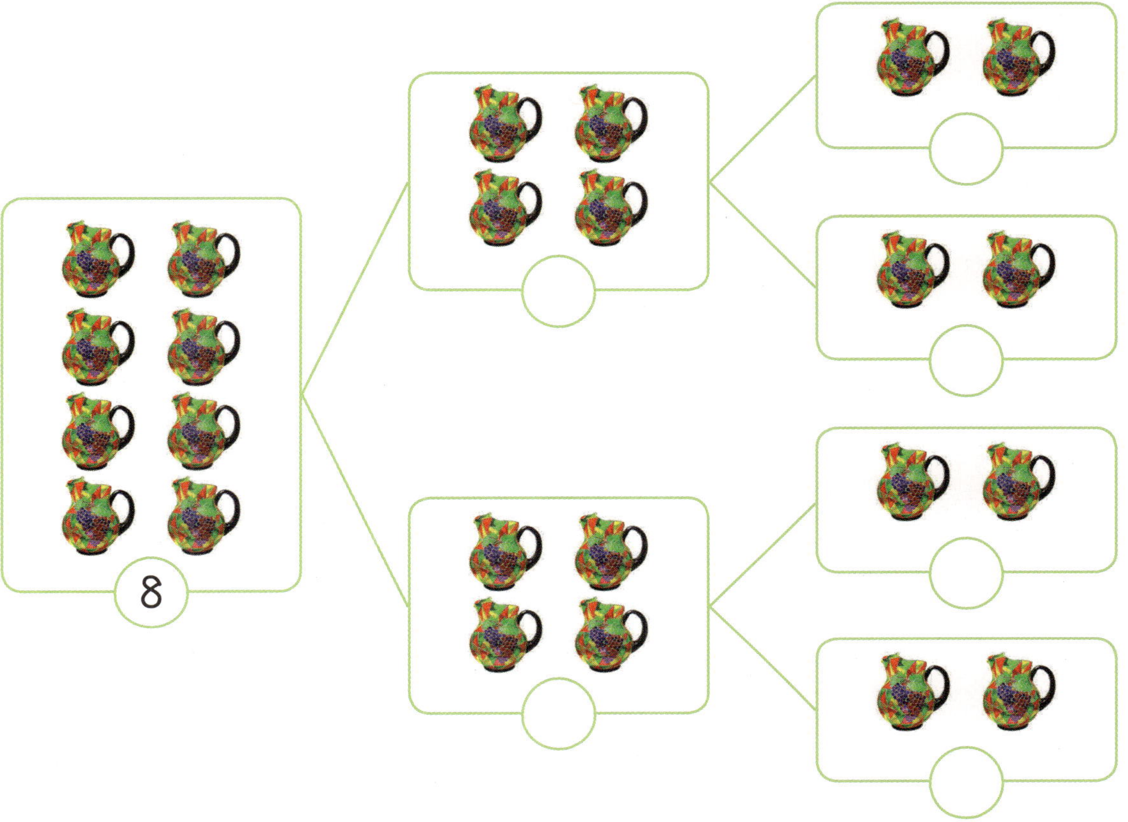

**3** 선을 그어 둘로 똑같이 가르기 하세요.

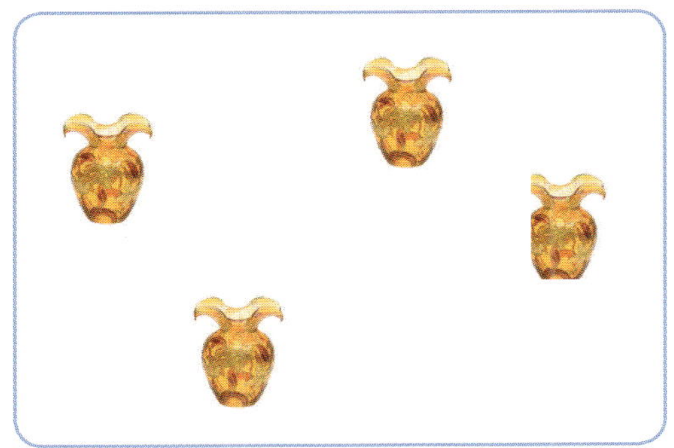

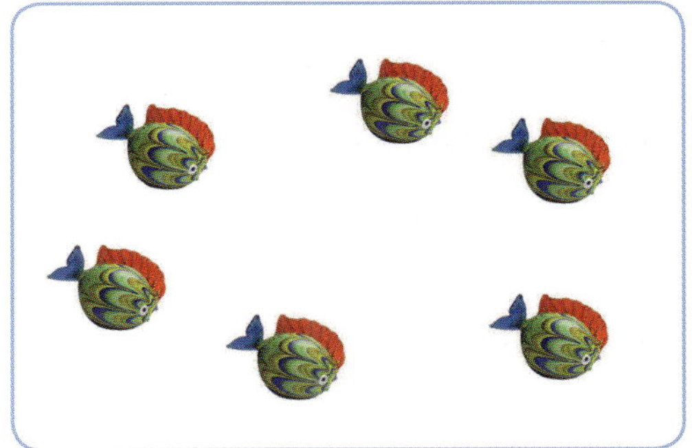

[모양 개수 가르기]

**1** 가르기 한 수만큼 ○를 그리고, 빈칸에 알맞은 수를 써넣으세요.

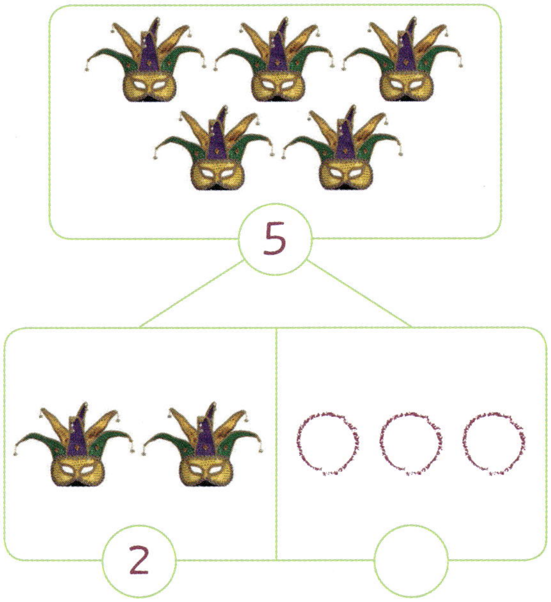

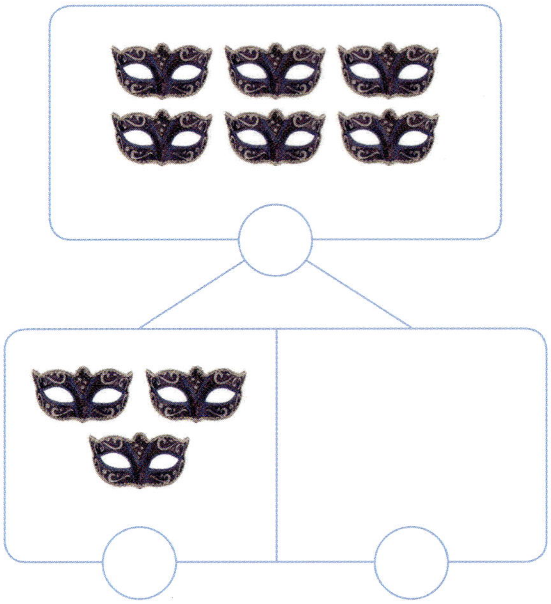

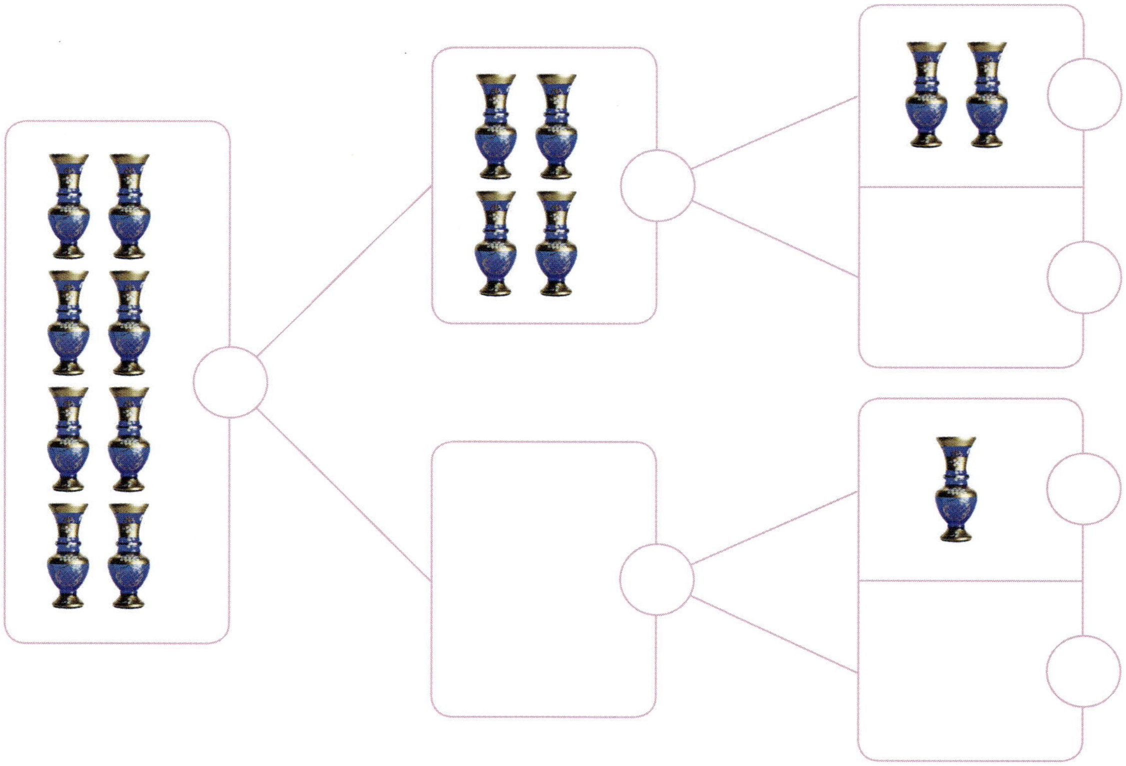

**2** 두 수로 갈라 빈칸에 알맞은 수를 써넣으세요.

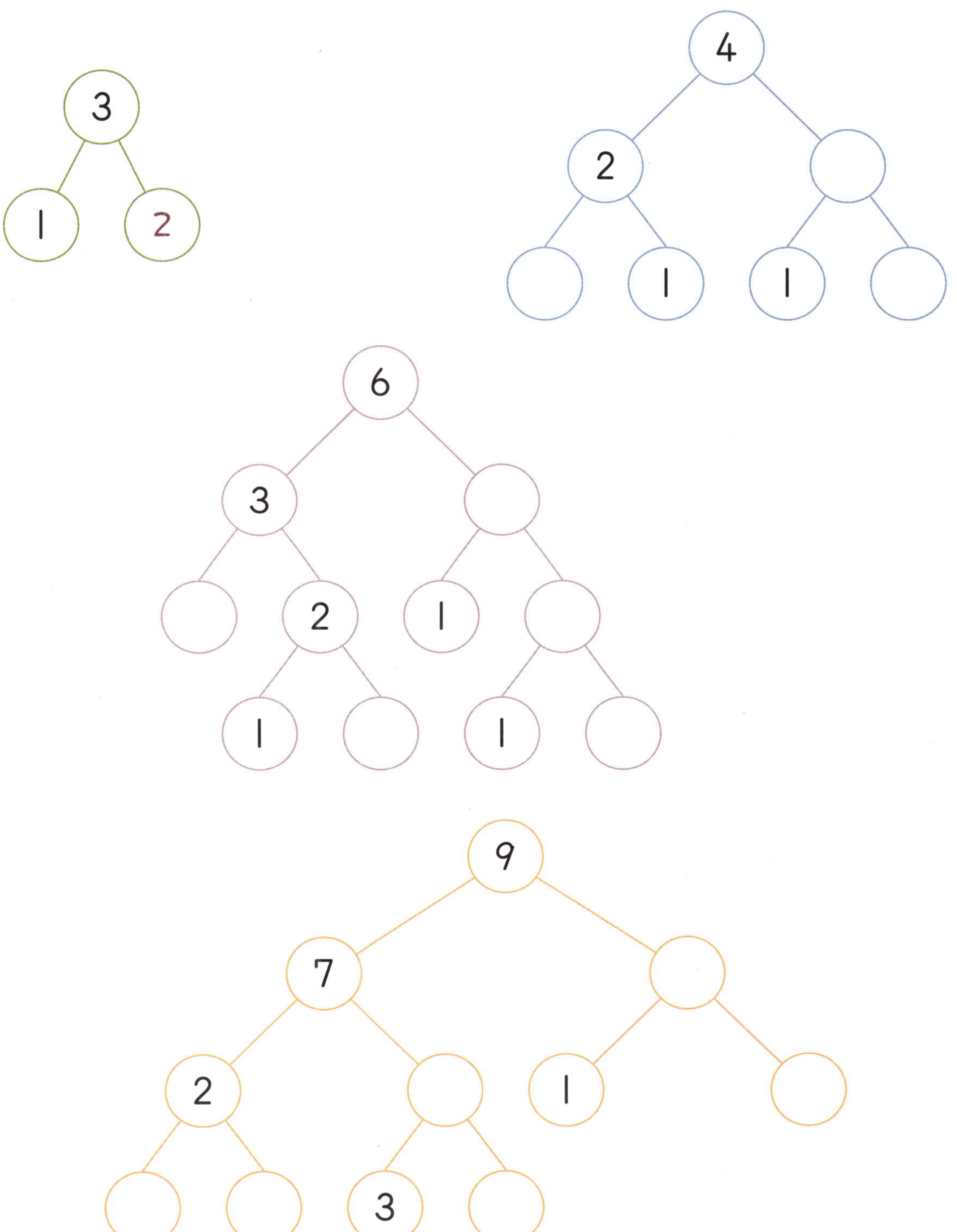

[가르기 색칠]

**3** 두 수로 갈라 그 수만큼 색칠하고, 더 큰 수에 ◯표 하세요.

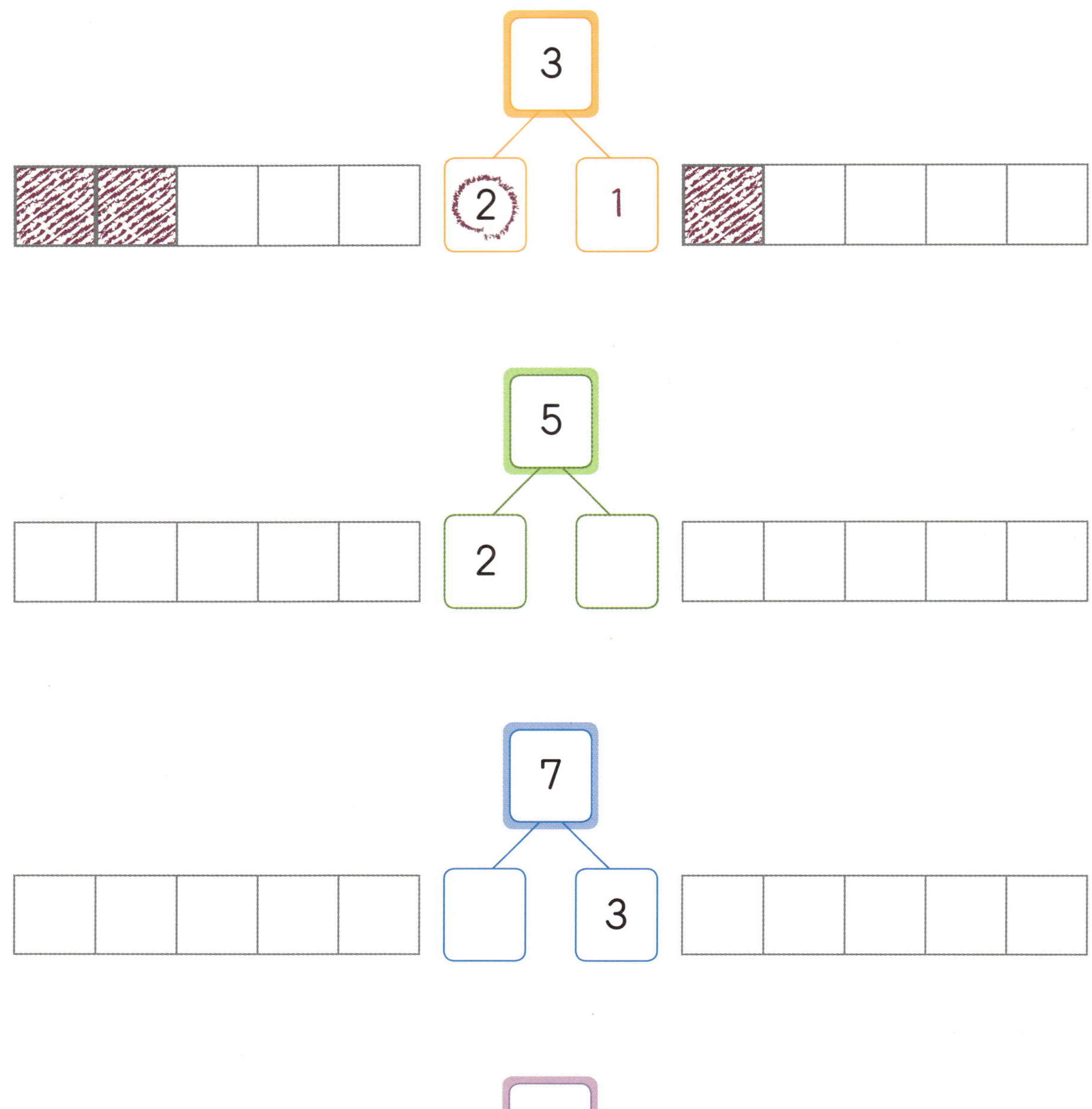

**4** 주어진 수나 말을 빈칸에 알맞게 넣어 문장을 완성하세요.

| 1 | 2 | 3 | 4 | 5 | 있 | 없 |

5는 2와 [3] 으로 가를 수 있습니다.

5는 [ ]과 4로 가를 수 있습니다.

5는 똑같이 가를 수 [ ]습니다.

7은 4와 [ ]으로 가를 수 있습니다.

7은 2와 [ ]로 가를 수 있습니다.

7은 똑같이 가를 수 [ ]습니다.

4는 2와 [ ]로 가를 수 있습니다.

4는 똑같이 가를 수 [ ]습니다.

8은 4와 [ ]로 가를 수 있습니다.

8은 똑같이 가를 수 [ ]습니다.

## 이탈리아 대표 음식 1, 2, 3, 4, 5

**① 피자**

밀가루에 달걀을 넣고 반죽하여 여러 가지 재료를 얹어 오븐에 구워 먹는 이탈리아의 가장 대표적인 요리야.

**② 오징어 먹물 스파게티**

오징어 먹물을 섞어 만든 스파게티로 베네치아에서 반드시 먹어야 할 별미 음식이야.

**③ 토마토 스파게티**

이탈리아 남부는 특히 토마토 재배로 유명해. 햇빛을 듬뿍 받은 달콤한 토마토를 으깨어 소스를 만들지.

**④ 바칼라**

바칼라는 생선 대구를 소금에 절여 만든 요리야. 양파와 화이트 와인으로 맛을 낸 생선조림으로 베네치아의 전통음식이지.

**⑤ 아이스크림**

이탈리아는 지금과 같은 형태의 아이스크림을 제일 먼저 만든 나라야.

Q 피자와 스파게티에는 양파, 파프리카, 버섯이 빠지지 않아요.
두 수로 갈라 빈칸에 알맞은 수를 써넣으세요.

A

3
1
4
2
6
3
1
2

3 4 6
1 2 3 2 3
1 2 2 1

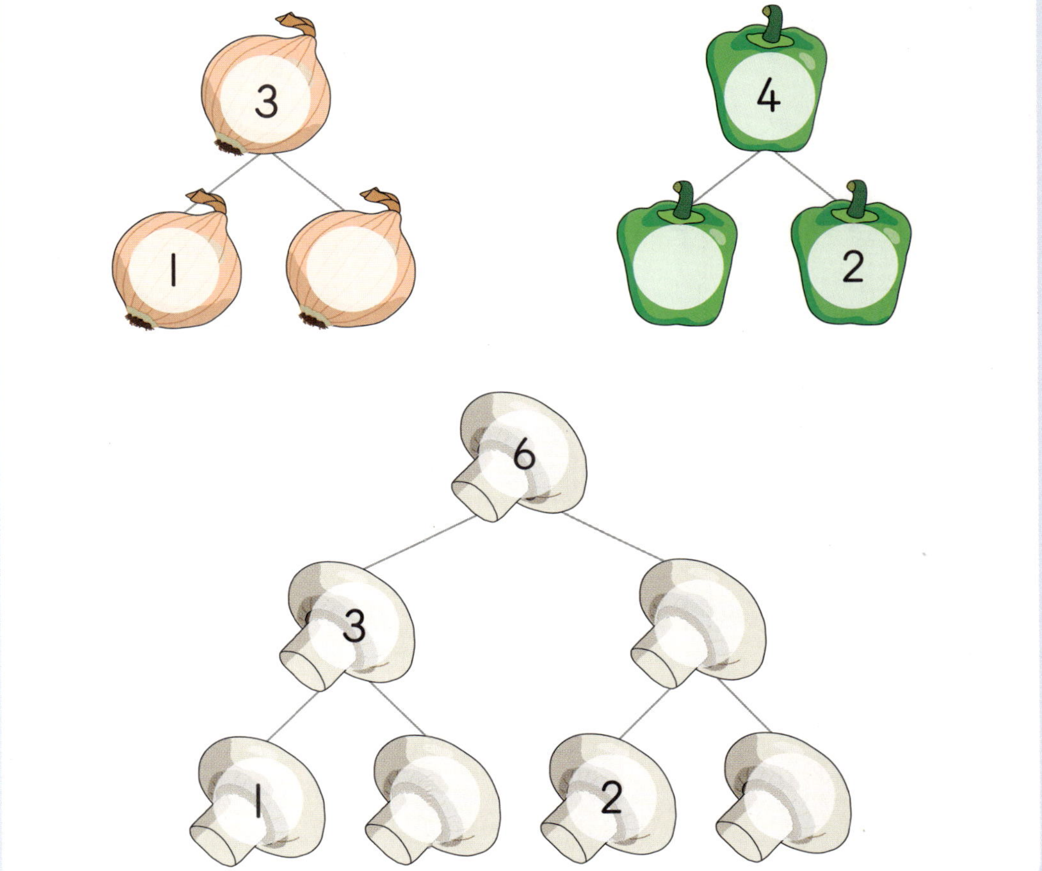

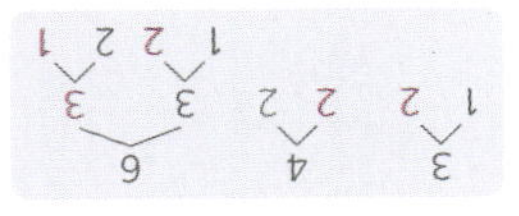

# 우리 동네 Ⅳ

# 미국 뉴욕

미국에서 인구가 가장 많은 도시는 뉴욕이야.

미국에는 여러 도시들이 있어.
도시마다 꽃, 동물 등의 상징물이 있지.

뉴욕의 상징은 커다란 사과야.
옛날부터 뉴욕에서 사과를 많이 재배했기 때문이래.
하늘에서 본 뉴욕의 모습이
커다란 사과의 모양을 닮아서이기도 해.

뉴욕에는
자유와 희망을 상징하는 자유의 여신상이 있어.
자유의 여신상 받침대 안에는 박물관이 있고,
꼭대기에는 전망대가 있어서
뉴욕을 한눈에 볼 수 있어.

빵 사이에 뜨거운 소시지를 끼
워 먹는 핫도그는 햄버거와 함
께 미국의 대표 음식이야. 바쁜
뉴욕 사람들은 핫도그를 즐겨
먹어. 그래서 거리마다
핫도그 가게가
줄지어 있지.

# 브로드웨이

바둑판 모양으로 놓여진 맨해튼 길을 비스듬하게 가로지르는 길을 브로드웨이라고 부릅니다.

포스터에 등장하는 사람의 수와 주어진 수가 같도록 알맞은 포스터 2장을
골라 붙임 딱지를 붙여 보세요.

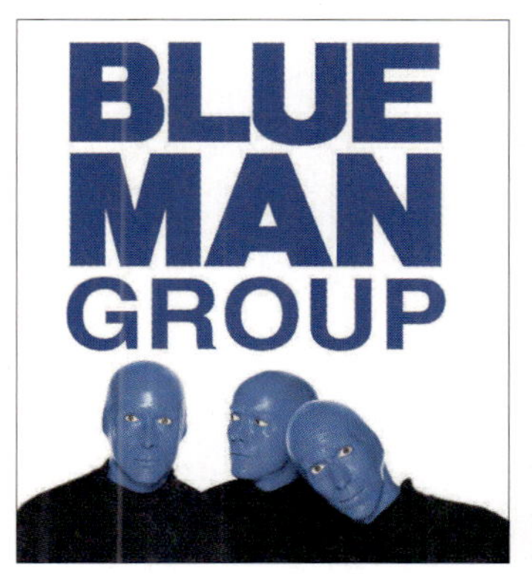

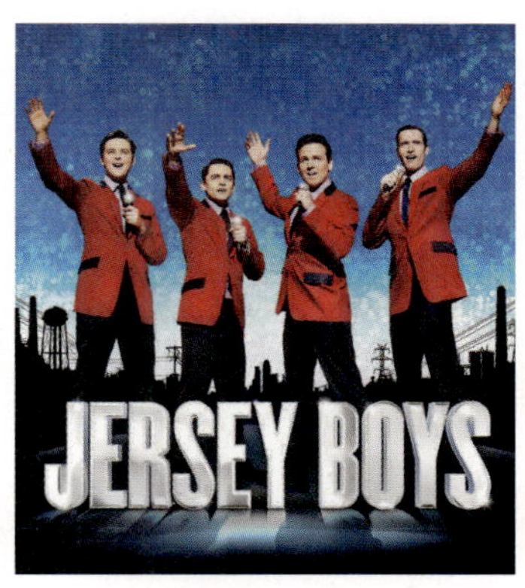

5

6

7

# 규칙 찾아 쓰기

- 이웃한 ▢ 안의 사람 수를 더하여 ◯에 씁니다.
- 2와 3을 더하면 5입니다.
- 2와 4를 더하면 6, 3과 4를 더하면 7입니다.

**1** 규칙을 찾아 빈칸에 알맞은 수를 써넣으세요.

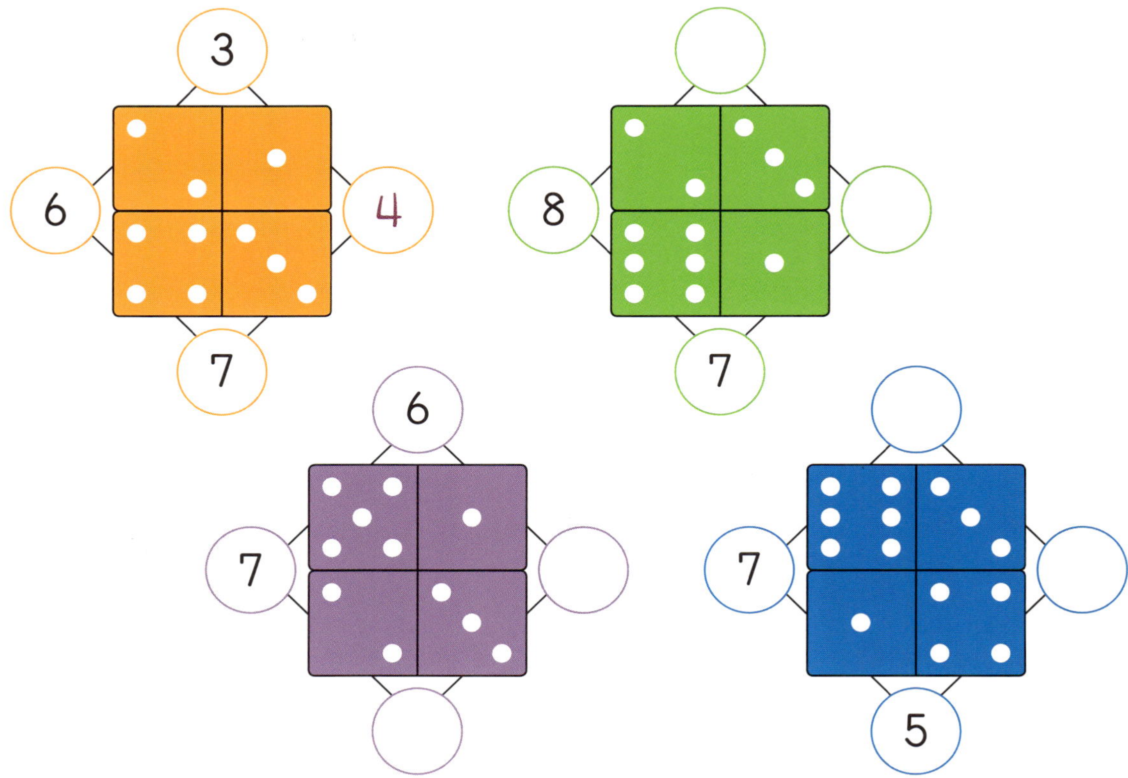

**2** 규칙을 찾아 빈칸에 알맞은 수를 써넣으세요.

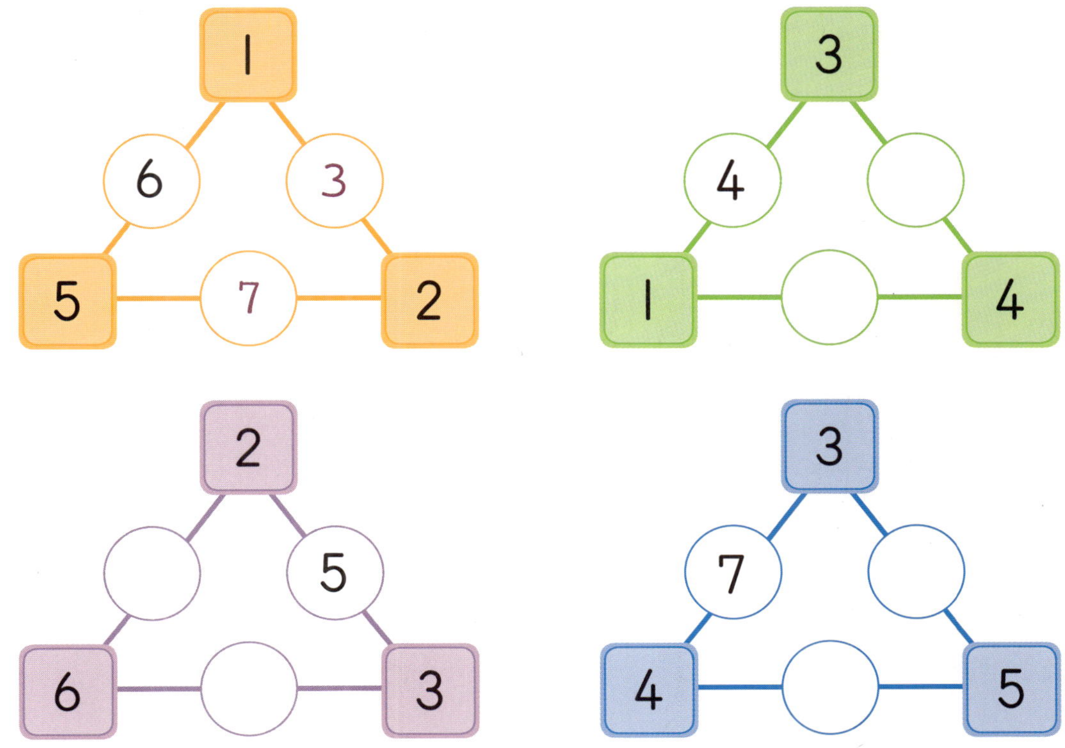

**3** 규칙을 찾아 빈칸에 알맞은 수를 써넣으세요.

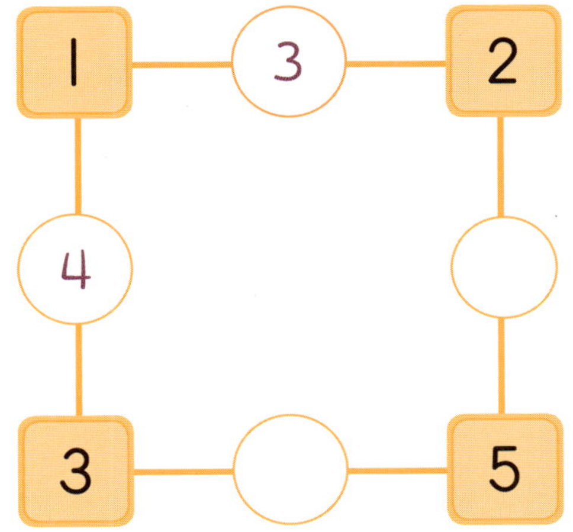

# 개념 알기 2　　　　　길 만들기

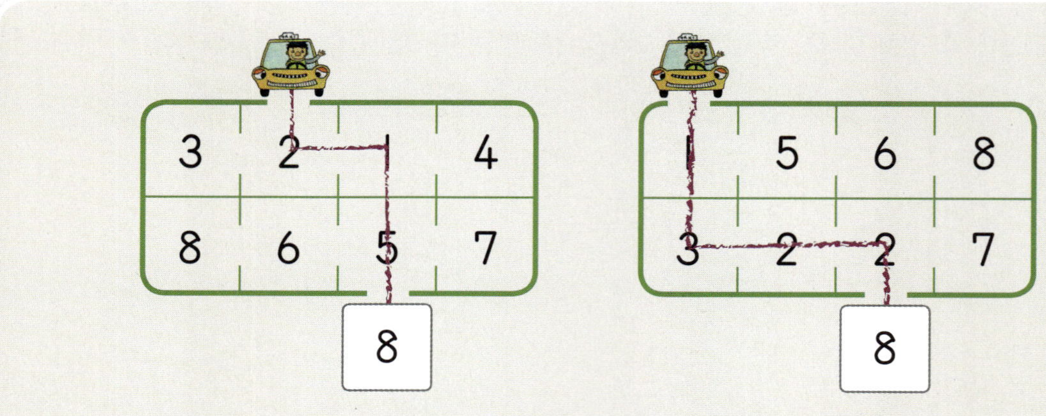



- □ 안의 수는 선이 지나간 칸에 쓰여진 수의 합입니다.
- 선을 그어 길을 만듭니다.

**1** 택시가 지나간 칸에 쓰여진 수의 합을 □ 안에 써넣으세요.

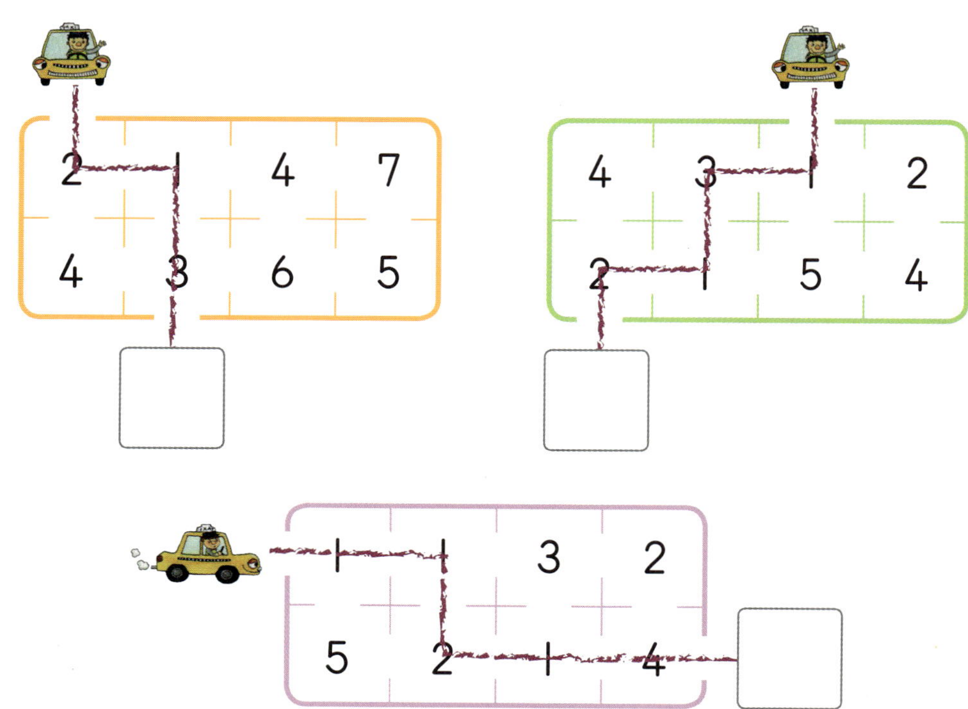

**2** 택시가 지나간 길에 쓰여진 수의 합이 ▢가 되도록 선을 그려 보세요.

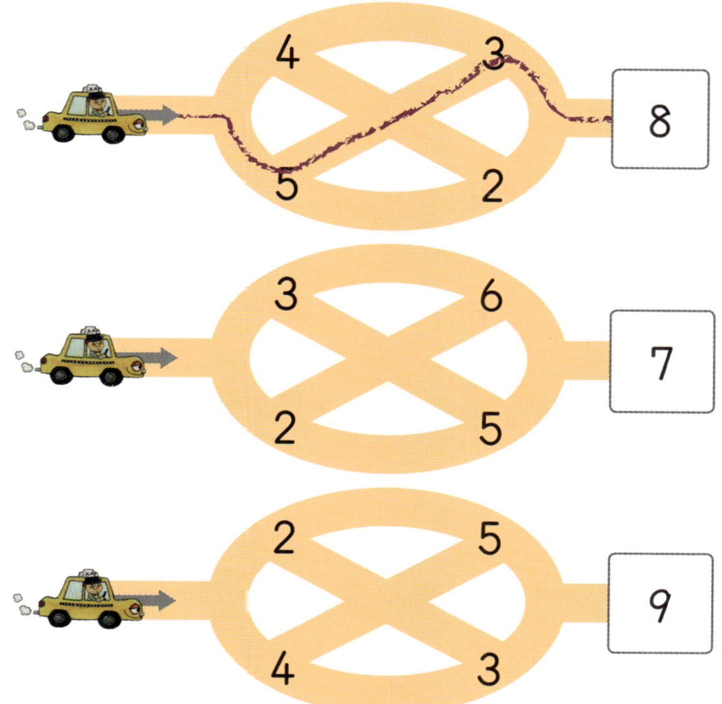


**3** 택시가 지나간 길에 쓰여진 수의 합이 ▢가 되도록 선을 그려 보세요.

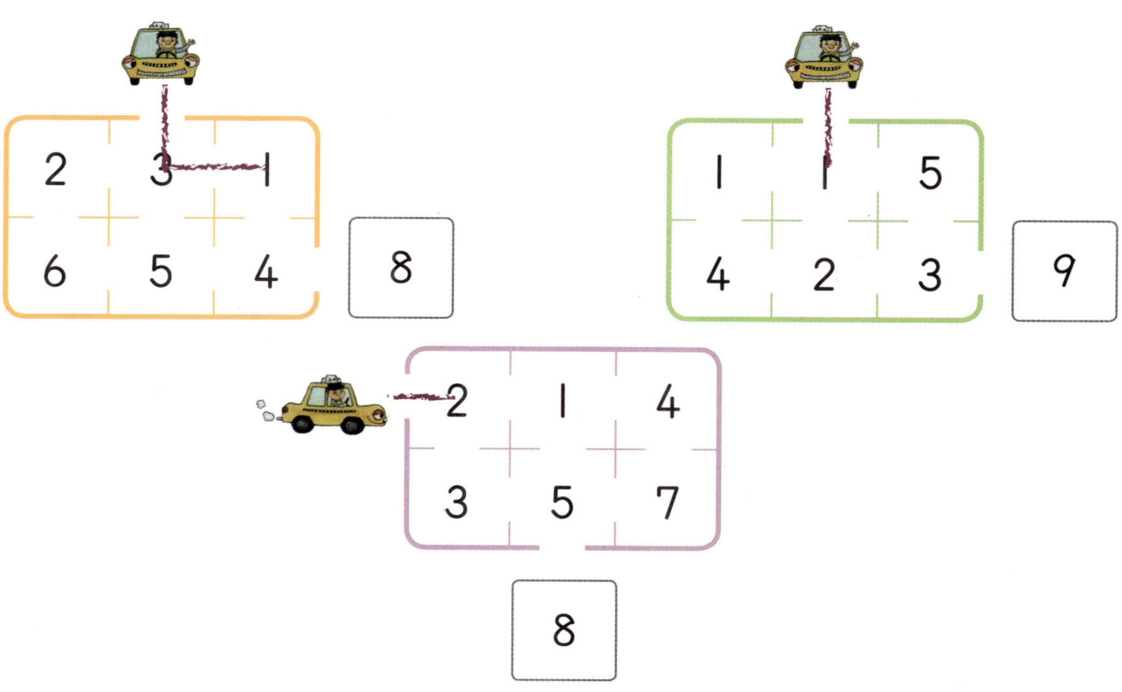

[주사위 눈의 합]

**1** 규칙을 찾아 붙임 딱지를 붙여 보세요.

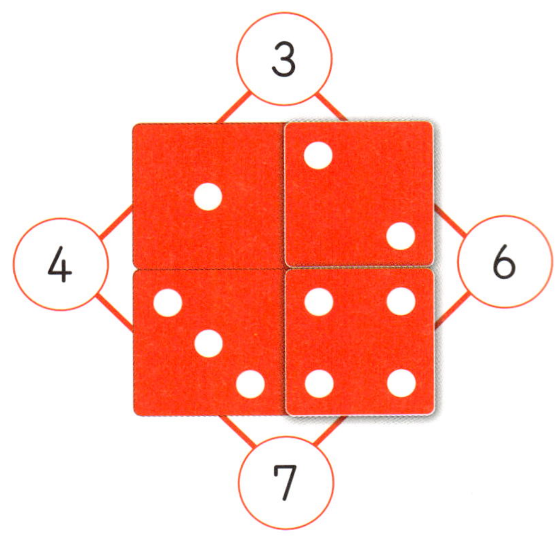

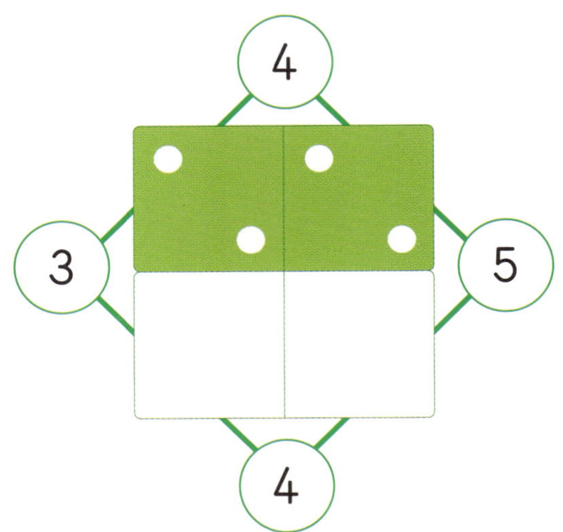

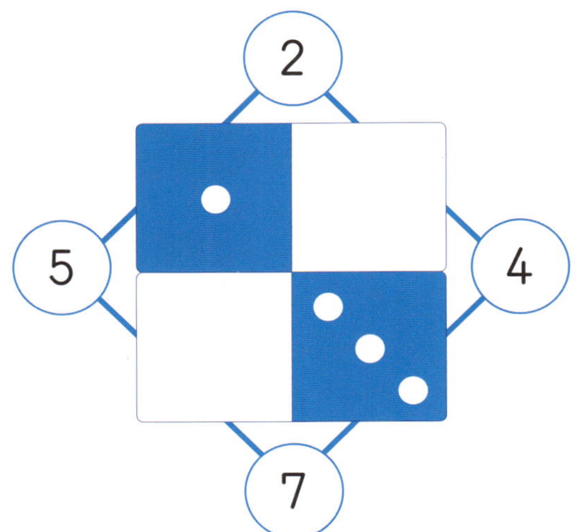

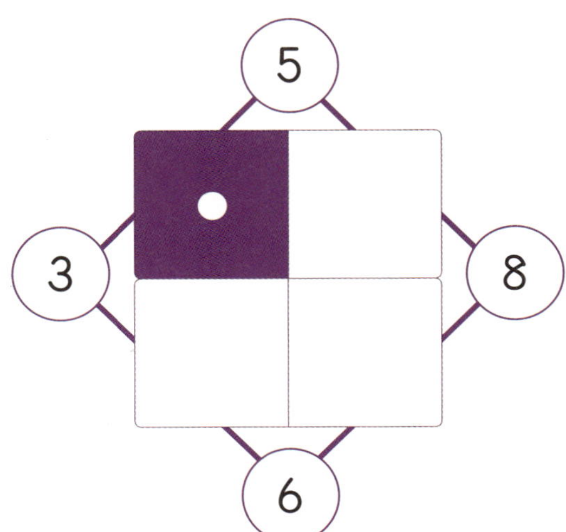

[선잇기]

**2**　합이 ⬛ 안의 수가 되는 두 수를 모두 찾아 선으로 이어 보세요.

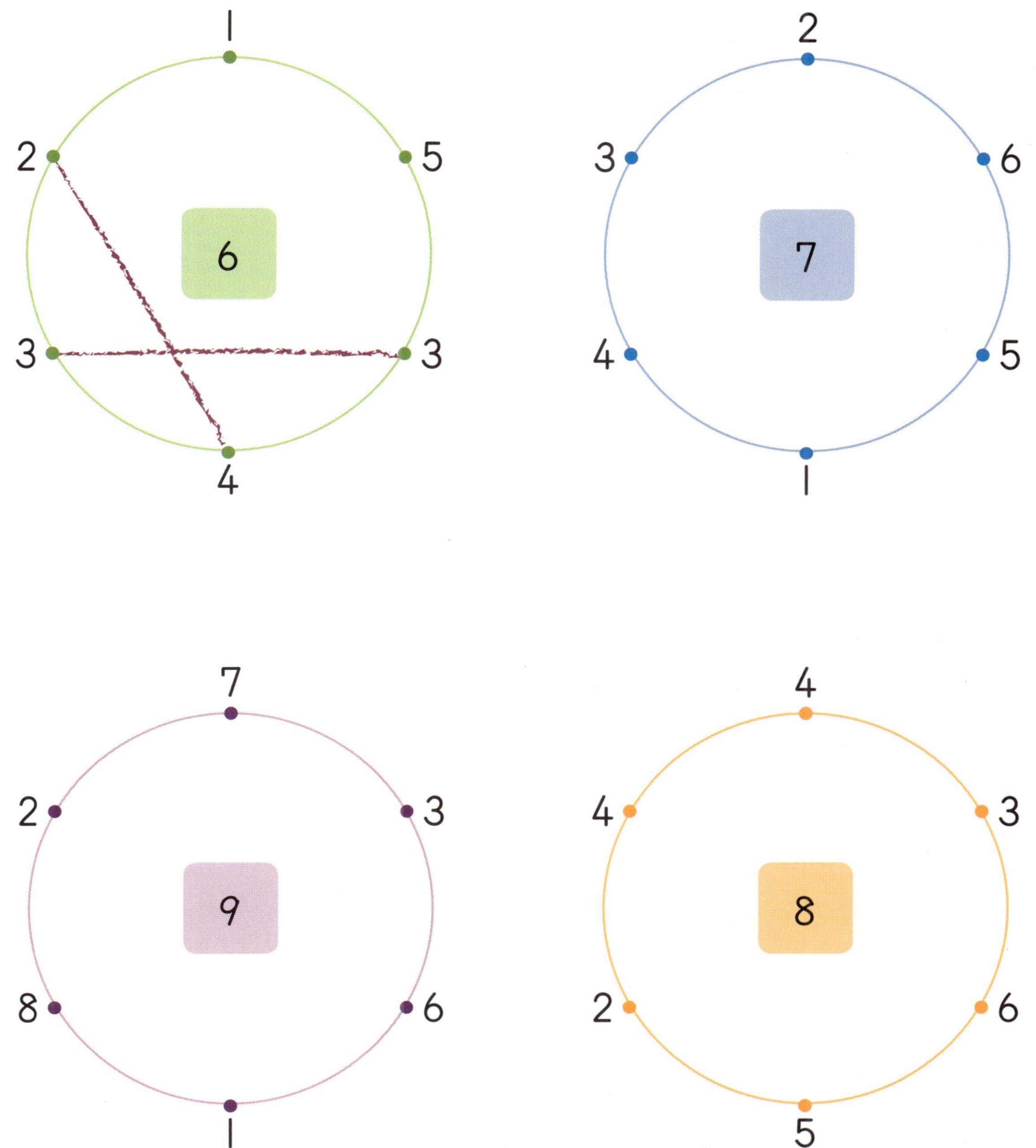

[두 수의 합]

**3** 규칙을 찾아 빈칸에 알맞은 수를 써넣으세요.

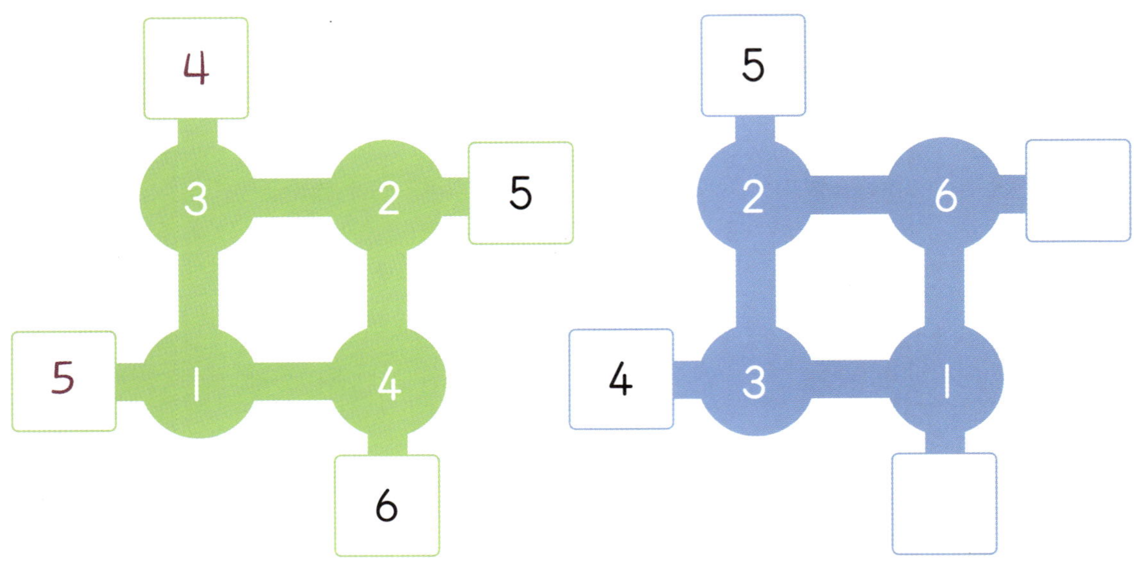

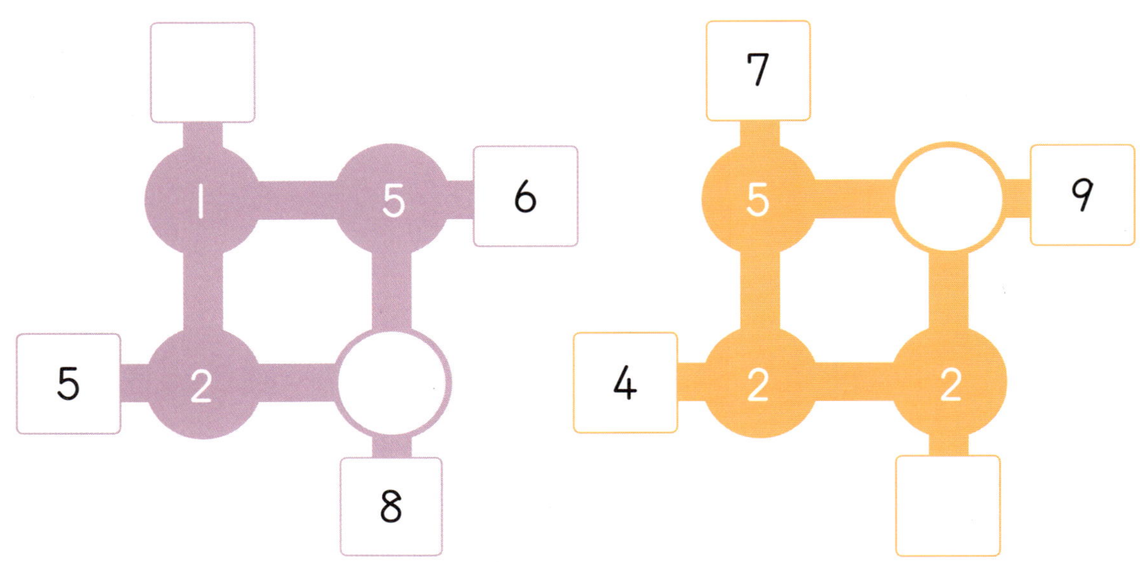

**4** 택시가 지나간 길에 쓰여진 수의 합이 ☐가 되도록 선을 그려 보세요.

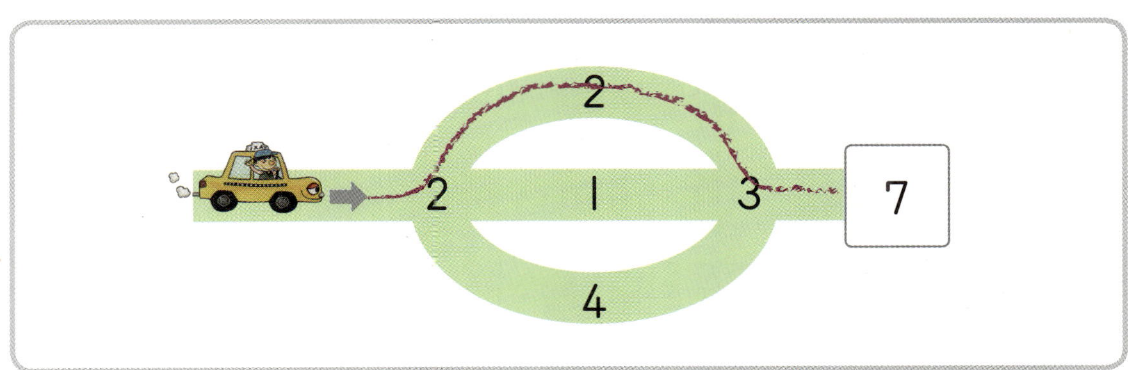


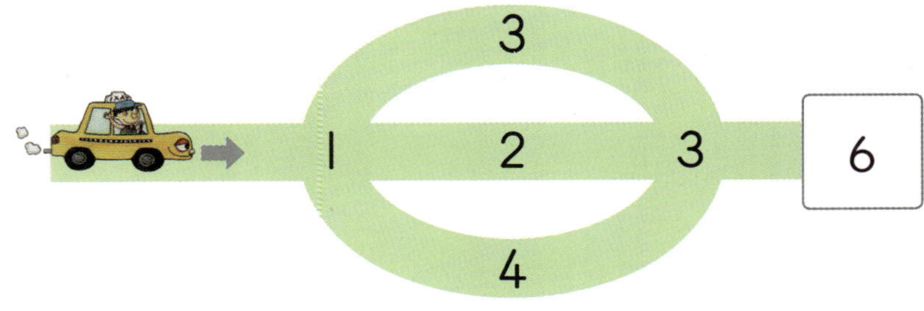


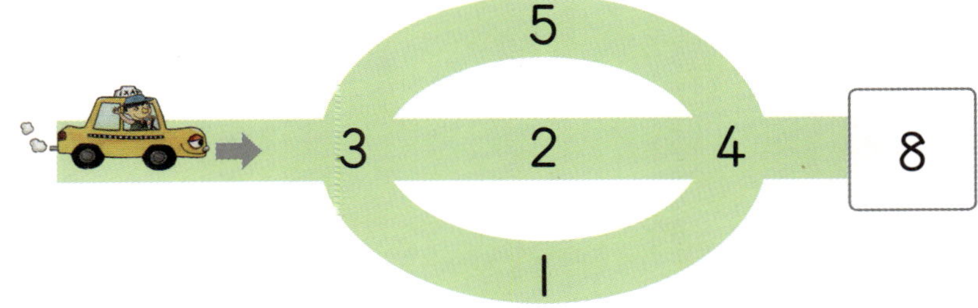


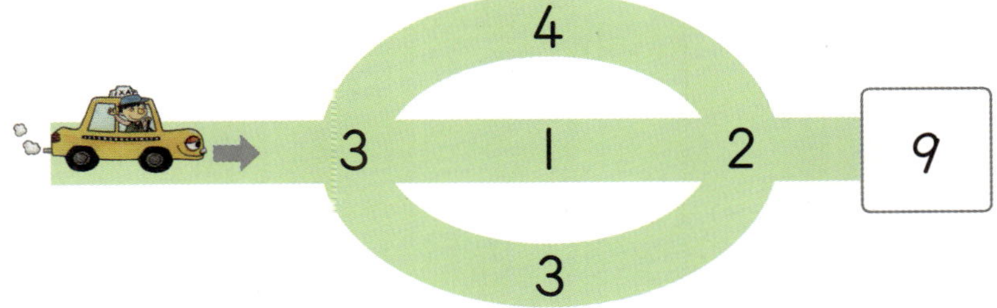

빌딩 스도쿠 퍼즐을 해 봅시다.

**게임 방법**

❶ 게임판에 채워져 있는 빌딩을 확인합니다.

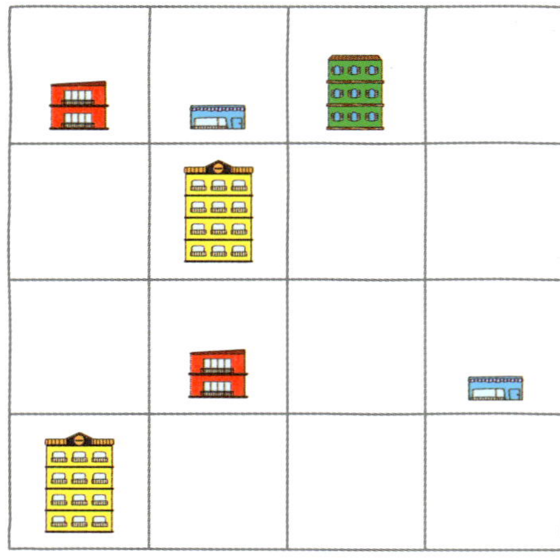

❷ 각 가로줄과 세로줄에 **1**층부터 **4**층까지의 빌딩이 한 번씩만 들어가도록 붙임 딱지를 붙입니다.

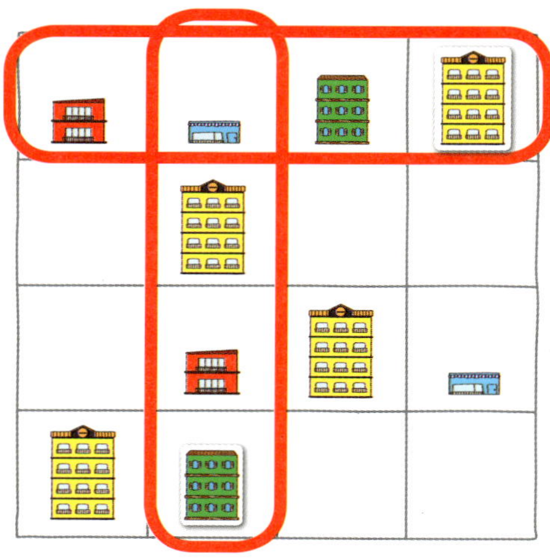

## 게임판

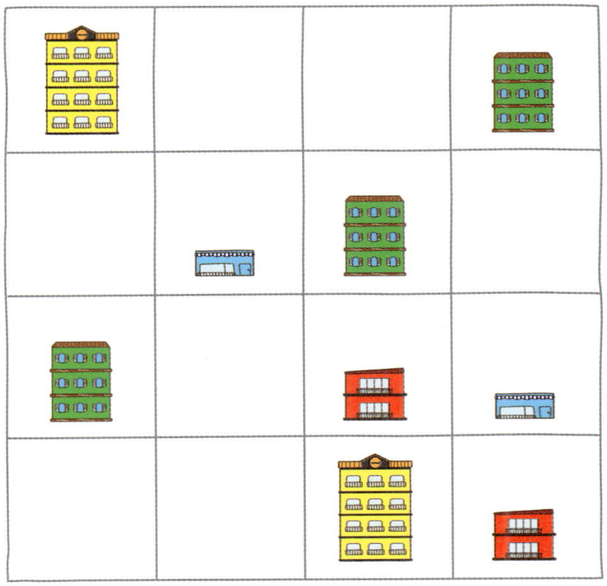

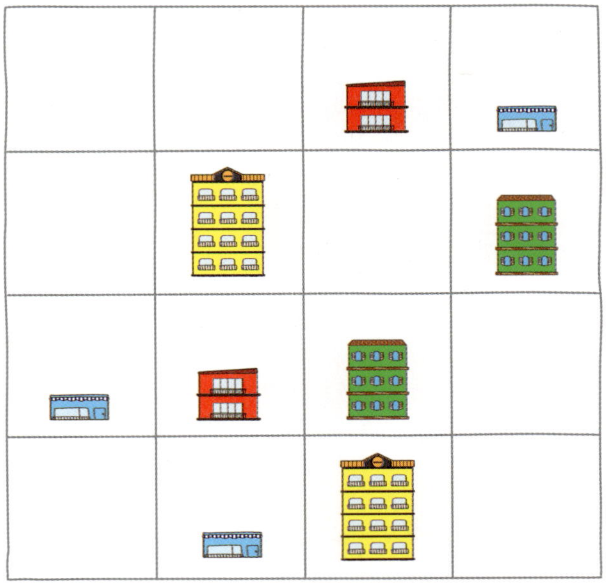

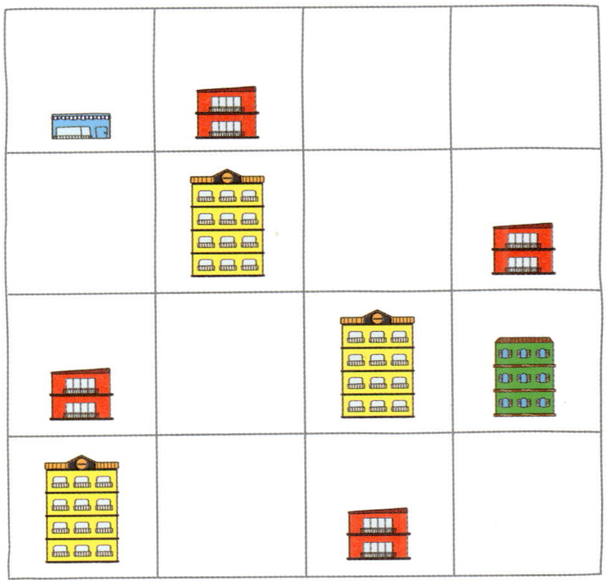

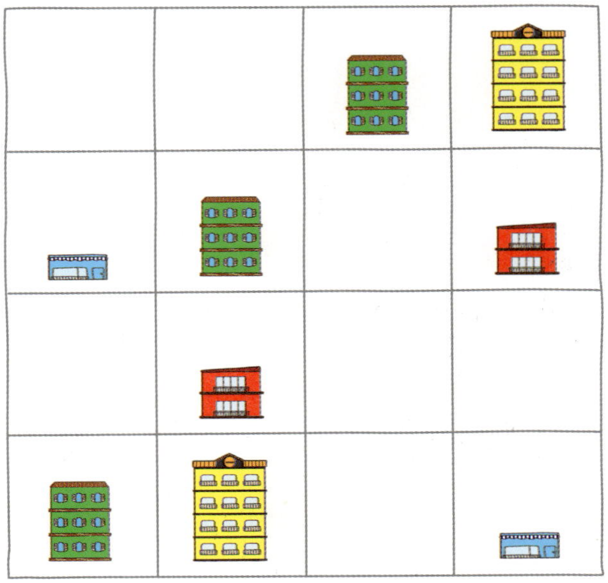

# 엠파이어 스테이트 빌딩

뉴욕에서 가장 높은 건물은 엠파이어 스테이트 빌딩입니다.

택시를 타고 엠파이어 스테이트 빌딩까지 가는 길을 그렸습니다. 택시가 지나간 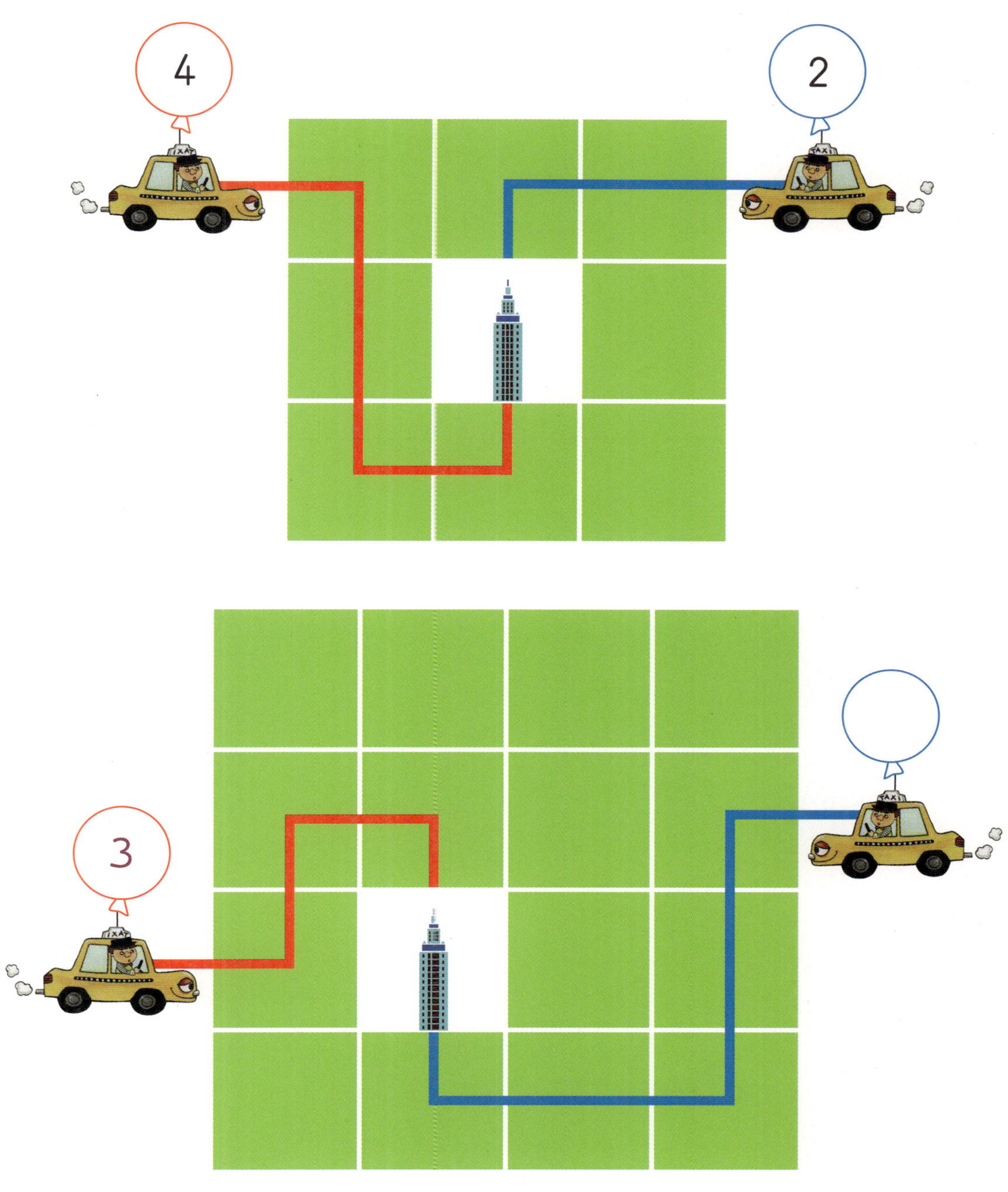의 개수를 세어 빈칸에 써넣으세요.

## 개념 알기 3    ■의 수

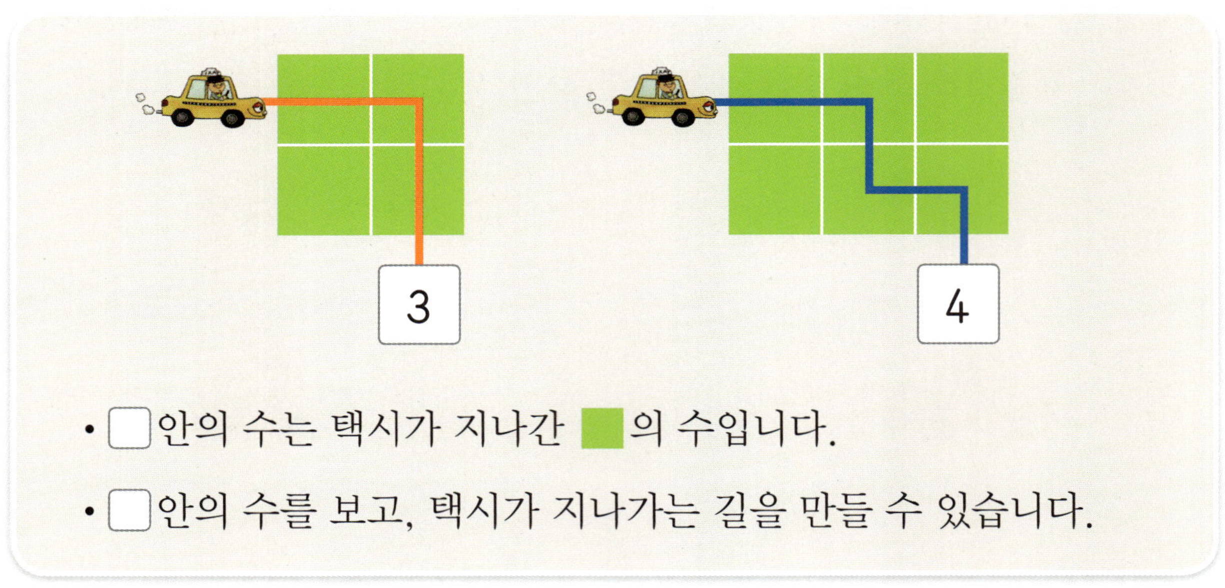

- ☐ 안의 수는 택시가 지나간 ■의 수입니다.
- ☐ 안의 수를 보고, 택시가 지나가는 길을 만들 수 있습니다.

**1** 택시가 지나간 ■의 수를 세어 빈칸에 써넣으세요.

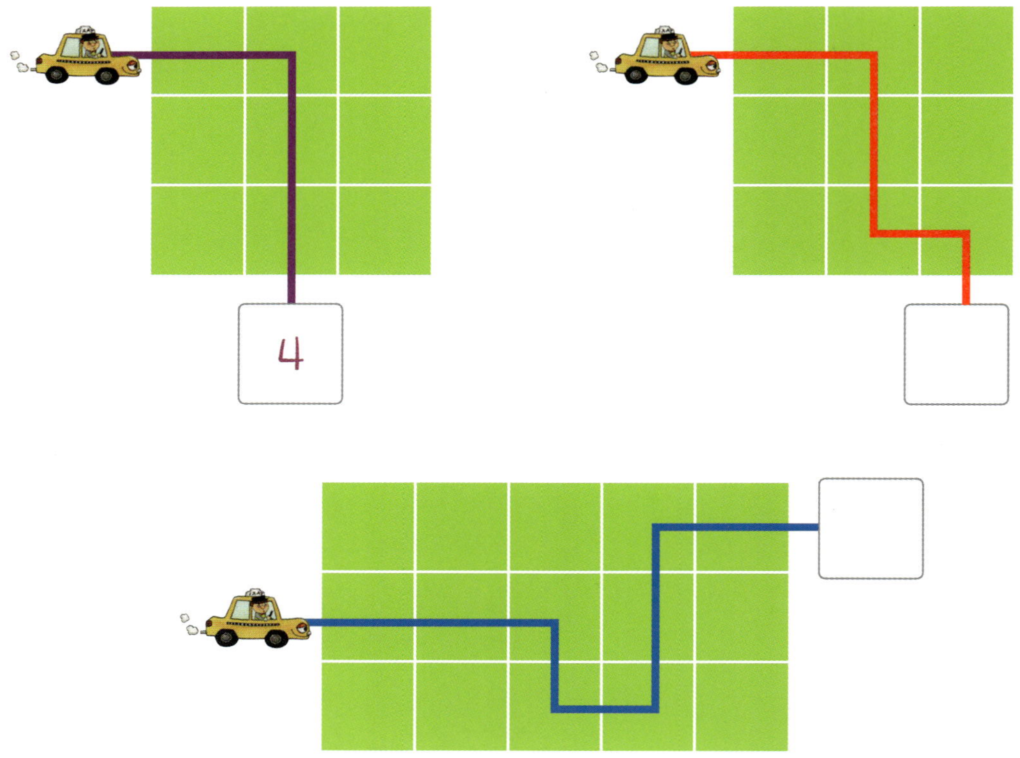

**2** 배를 타고 자유의 여신상까지 가려고 합니다. ☐안의 수는 배가 지나간

의 수입니다. ☐안의 수를 보고, 배가 지나가는 길을 그려 보세요.

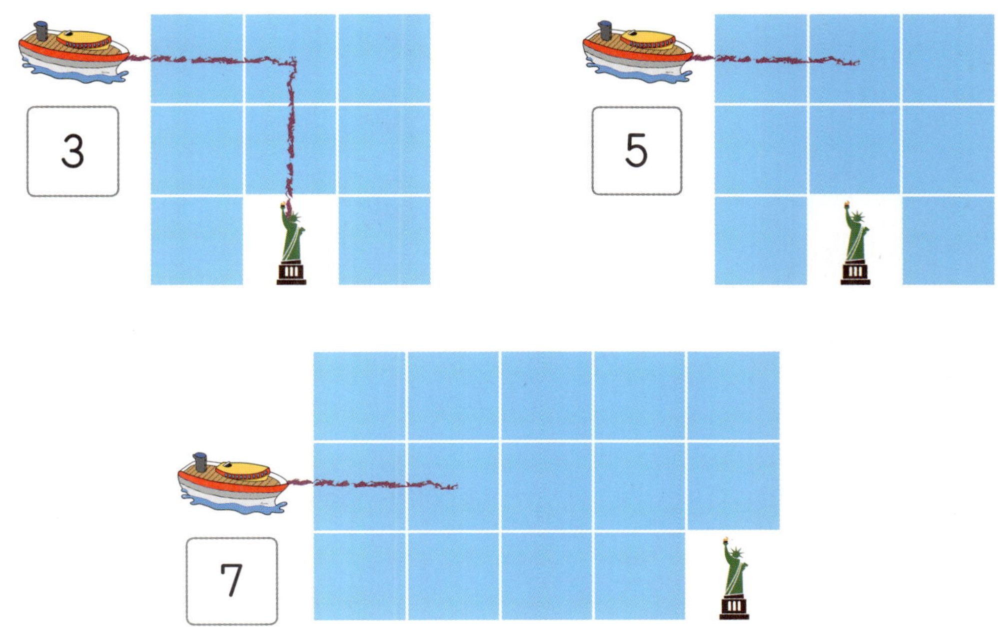

**3** 배를 타고 자유의 여신상까지 가려고 합니다. ☐안의 수는 배가 지나간

의 수입니다. ☐안의 수를 보고, 배가 지나가는 길을 각각 그려 보세요.

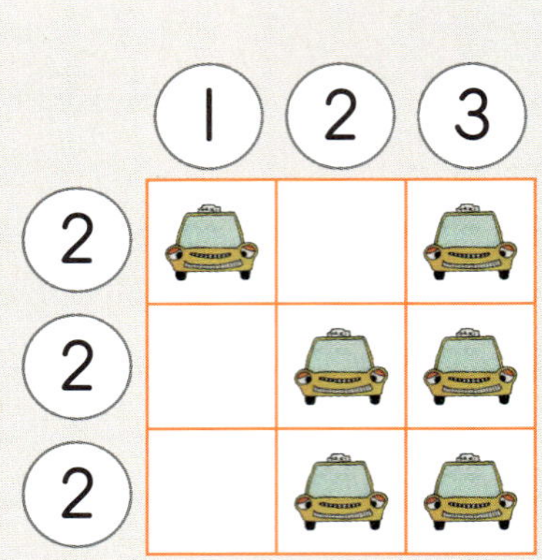

- ○안의 수는 그 줄에 있는 택시의 수입니다.

- 가로와 세로에 주어진 수와 그 줄에 있는 택시의 수가 같아야 합니다.

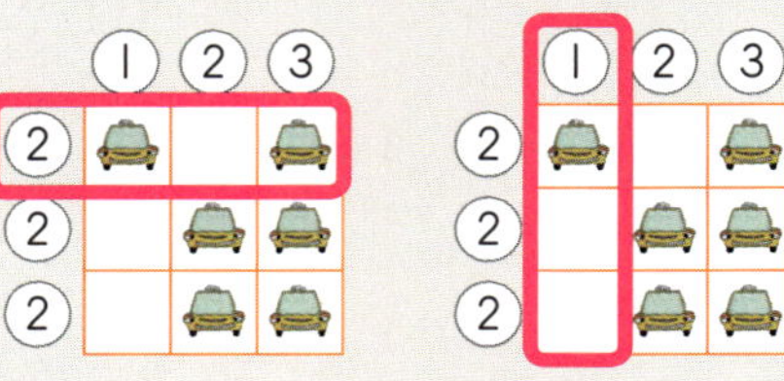

**1**　가로줄과 세로줄에 색칠한 칸의 수만큼 ○안에 알맞은 수를 써넣으세요.

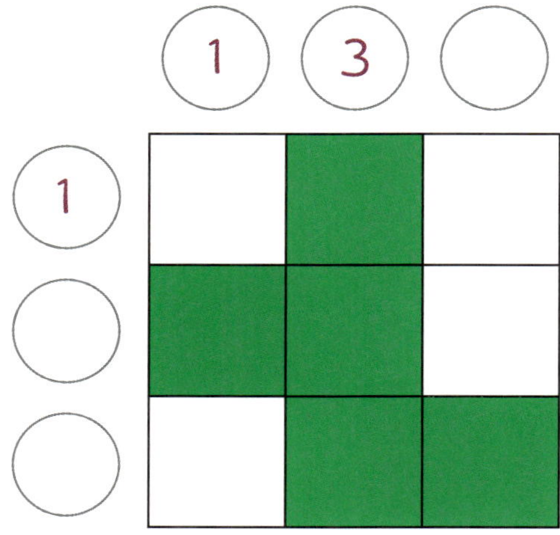

**2** ○안의 수만큼 칸을 색칠하세요.

**3** ○안의 수만큼 ● 를 그려 넣으세요.

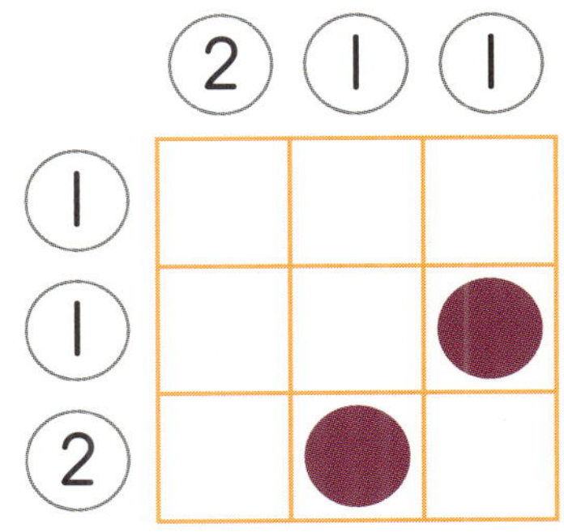 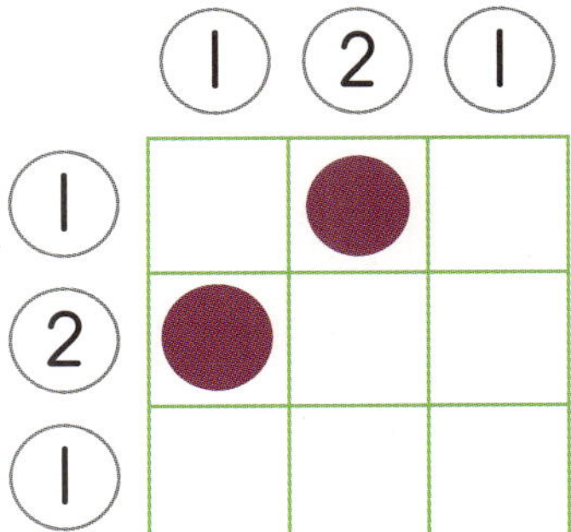

[■의 개수]

**1** 택시가 지나가는 ■의 수를 세어 빈칸에 알맞은 수를 써넣으세요.

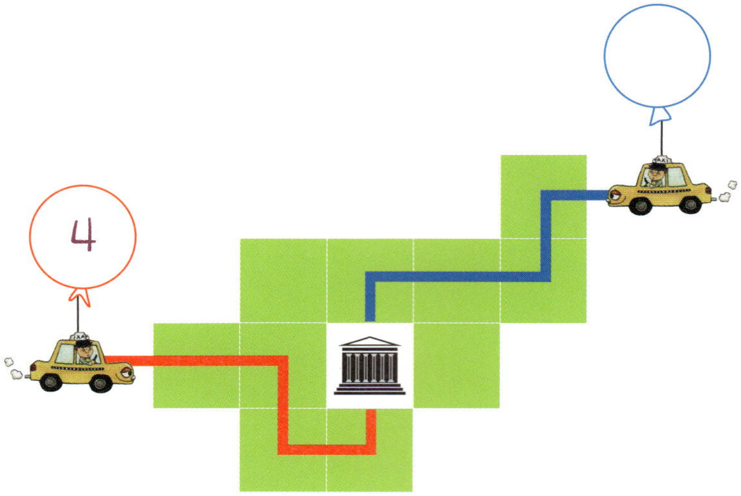

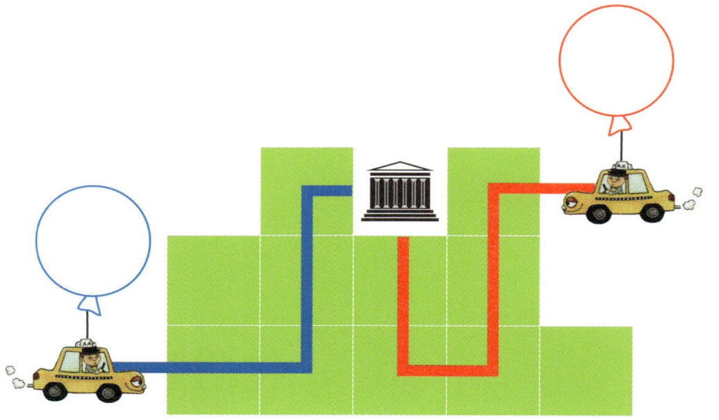

**2**  ◯ 안의 수는 각 가로줄과 세로줄에 있는 ▲ 의 수입니다. 알맞은 곳에 ▲ 를 그려 넣으세요.

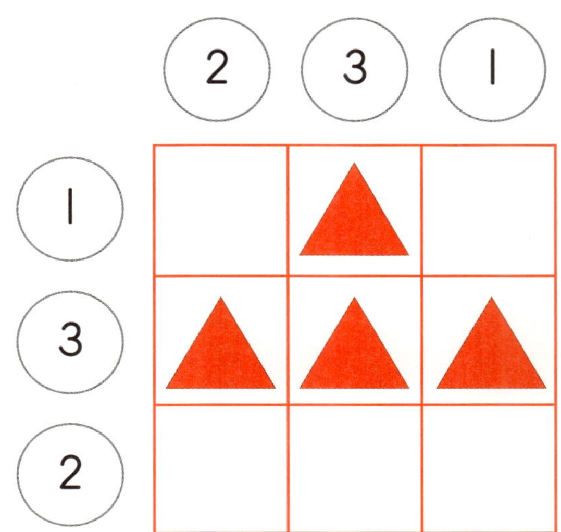

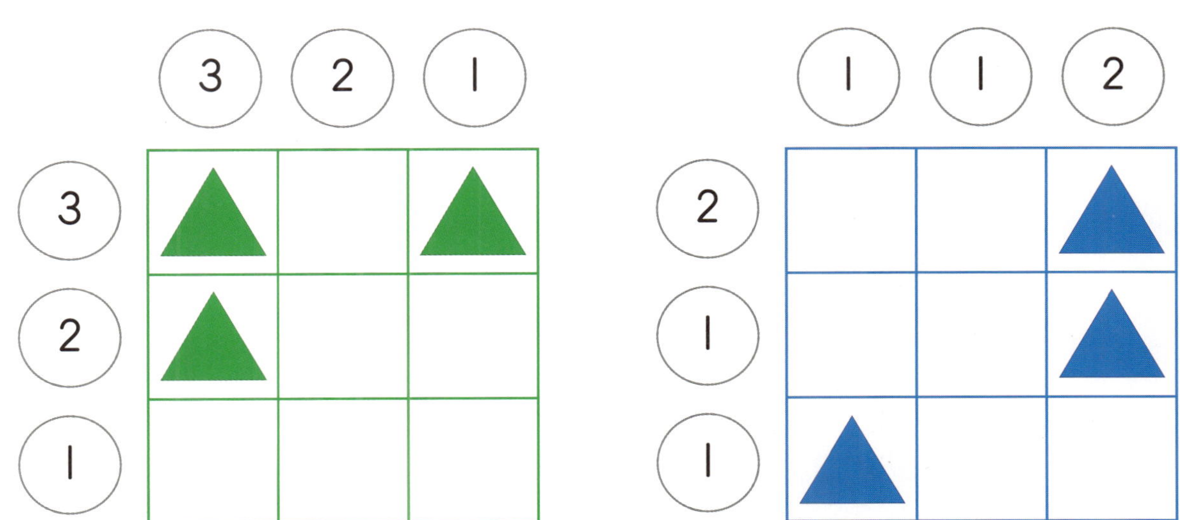

[선의 개수]

**3** □안의 수는 출발에서 도착까지 가는 길에 지나는 선의 수입니다. □안의 수만큼 선을 지나도록 길을 그려 그림을 완성하세요.

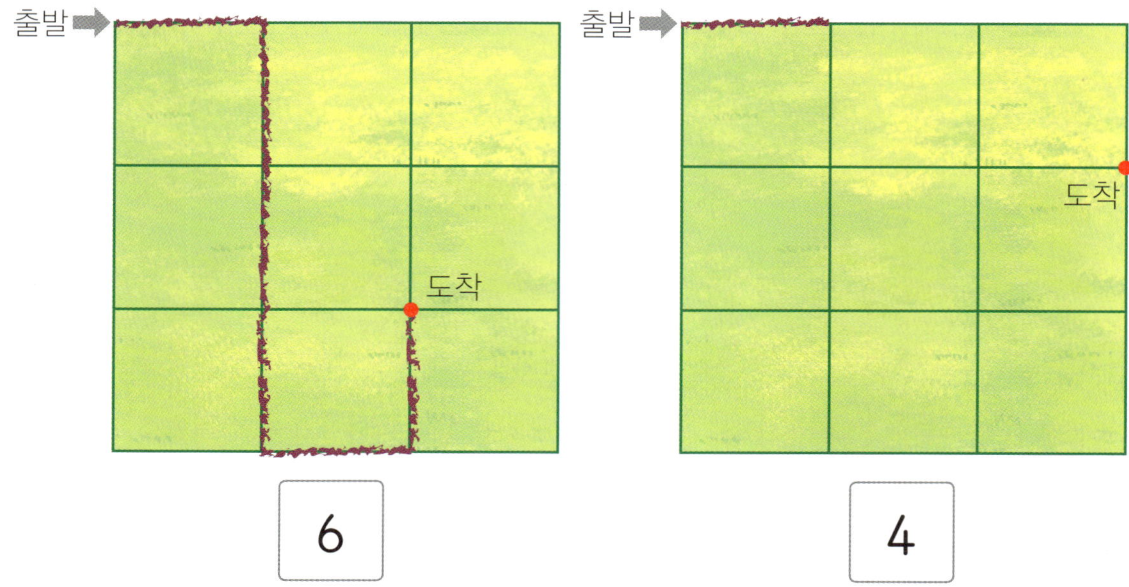



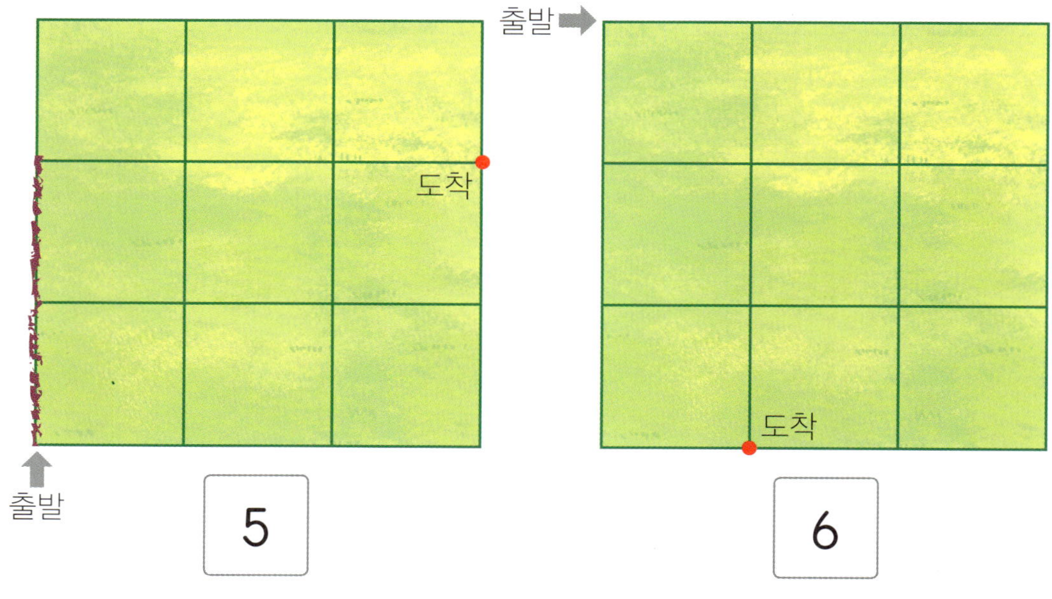

[1, 2, 3]

**4** 가로줄, 세로줄에 1, 2, 3이 각각 한 번씩만 들어가도록 빈칸에 알맞은 수를 써넣으세요.

| 1 | 2 | 3 |
|---|---|---|
| 3 | 1 | 2 |
| 2 | 3 | 1 |

| 3 |   | 1 |
|---|---|---|
| 1 | 3 | 2 |
|   | 1 |   |

| 1 |   | 2 |
|---|---|---|
|   | 1 | 3 |
| 3 | 2 |   |

|   | 1 | 3 |
|---|---|---|
| 3 | 2 |   |
| 1 | 3 |   |

|   | 1 | 2 |
|---|---|---|
| 2 | 3 |   |
| 1 | 2 |   |

# 뉴욕! 1, 2, 3, 4, 5

**1 인구**

뉴욕은 미국에서 인구가 가장 많은 도시야.

**2 고층 빌딩**

세계에서 두 번째로 고층 빌딩이 많아. 고층 빌딩이 가장 많은 곳은 홍콩이야.

**3 엠파이어 스테이트 빌딩**

엠파이어 스테이트 빌딩은 미국에서 세 번째로 큰 건물이야. 뉴욕에서는 가장 높은 건물이지.

**4 교육**

뉴욕 맨해튼에 사는 사람들 4명 중 1명은 대학원 이상의 교육을 받았어.

**5 정치**

뉴욕은 고유의 역사를 가진 브루클린, 퀸스, 맨해튼, 브롱크스, 스태튼 아일랜드 다섯 개의 자치구로 이루어졌어.

**뉴욕의 그림을 보고, 재미있는 문제를 만들어 보세요.**

A

빨간 건물 3개, 녹색 건물 4개

114~115쪽에 사용하세요.

105쪽에 사용하세요.

  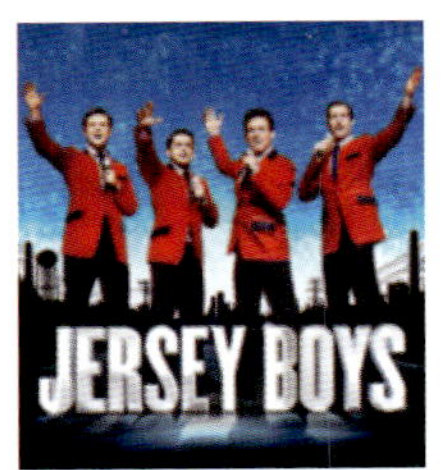

  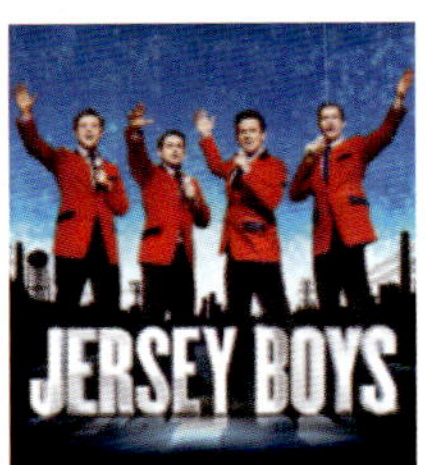

110쪽에 사용하세요.

   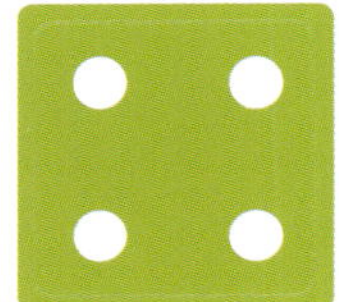

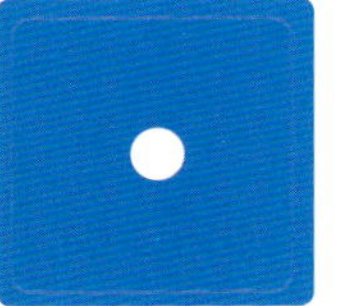   

  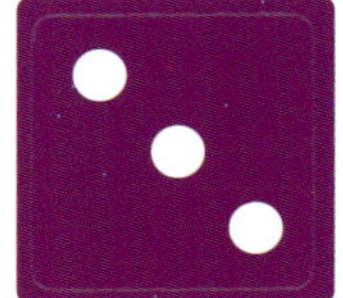 

출발
끝

----------  밖으로 접는 선

풀칠하는 곳

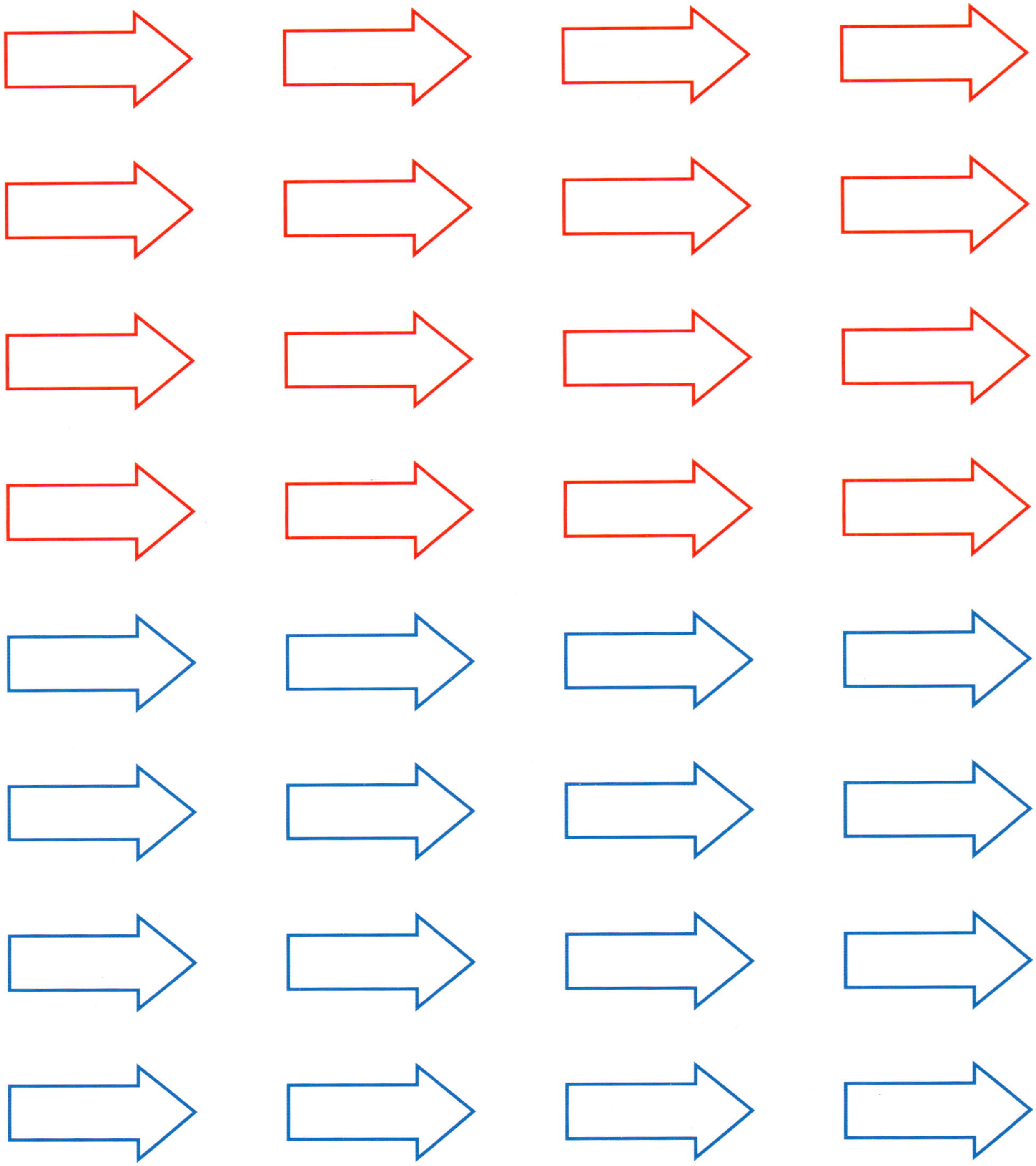

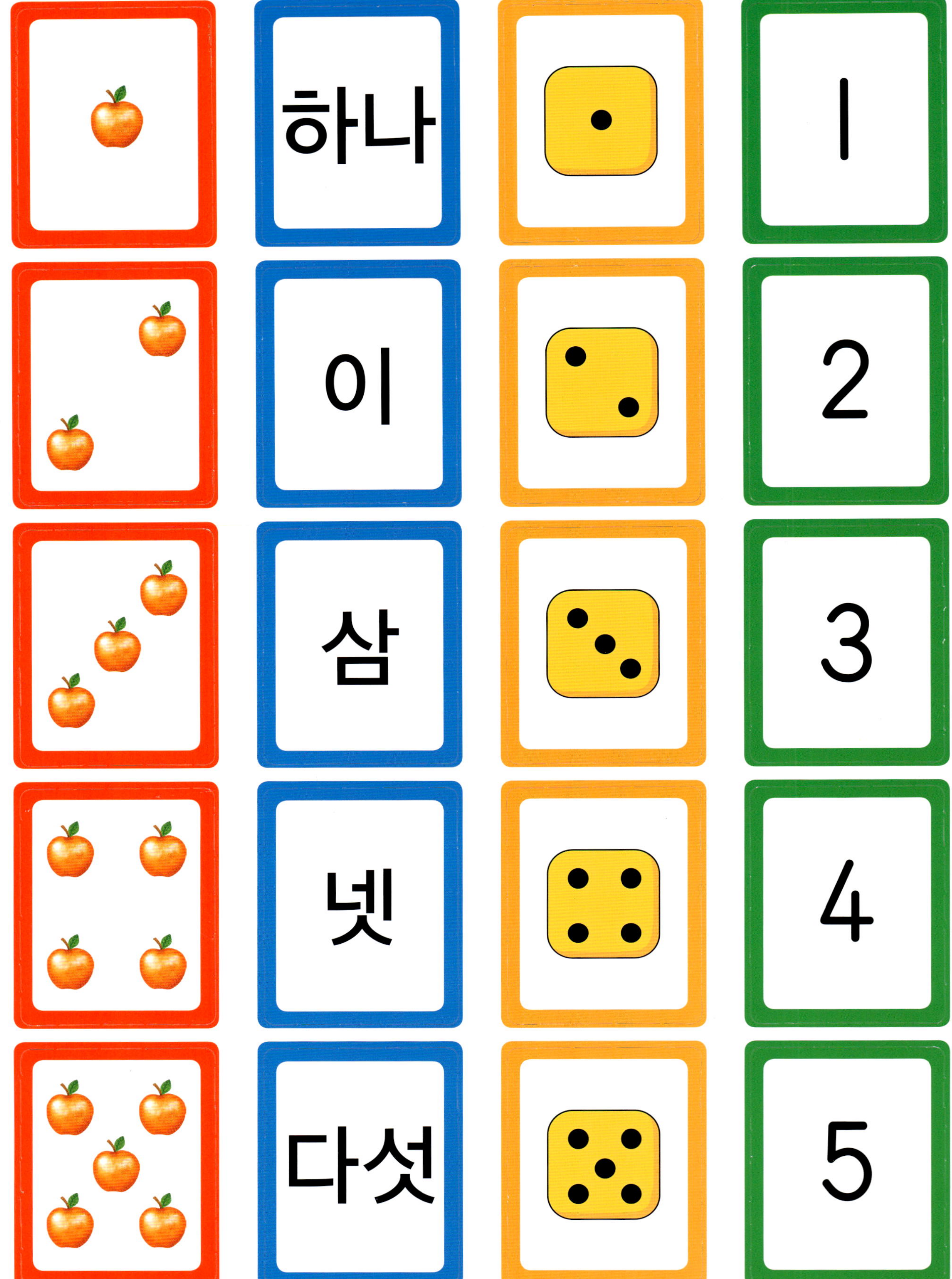

17쪽에 사용하세요.

 ㅣ

 3

 일

 삼

하나

셋

56~57쪽에 사용하세요.

함께 읽는 글

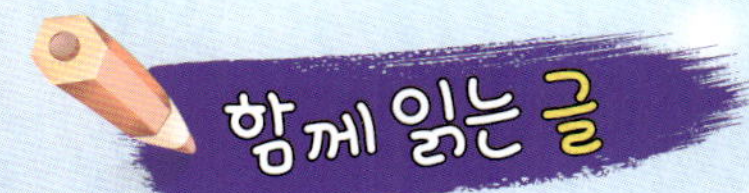

# 행복은 가까운 곳에

행복은 현재와 연결되어 있다.
목적지에 닿아야 비로소 행복해지는 것이 아니라
여행하는 과정에서 행복을 느끼기 때문이다.

앤드류 매튜스 (Andrew Matthews)

우리가 느끼는 행복이나 만족은 꼭 좋은 결과에만 달려 있는 것이 아니랍니다.
원하는 결과를 얻기 위해 한 단계씩 나아가며 노력하는 과정 그 자체를 즐겨 보세요.
행복은 열심히 노력하는 지금 이 순간에 있답니다.

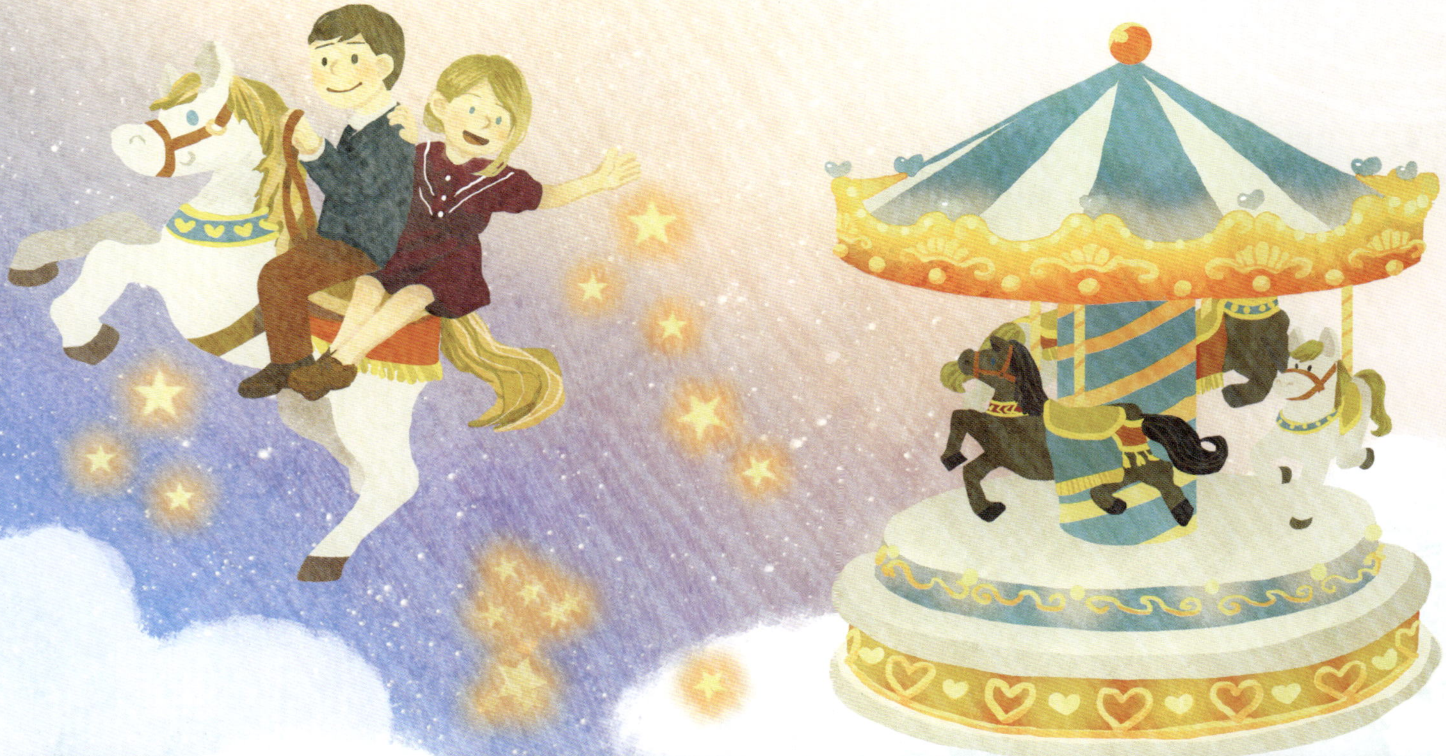

창의력 수학
노크
A 단계

창의력 수학 노크

Knock! Knock!

# 학부모 가이드

## 우리동네로
### 배우는 수학

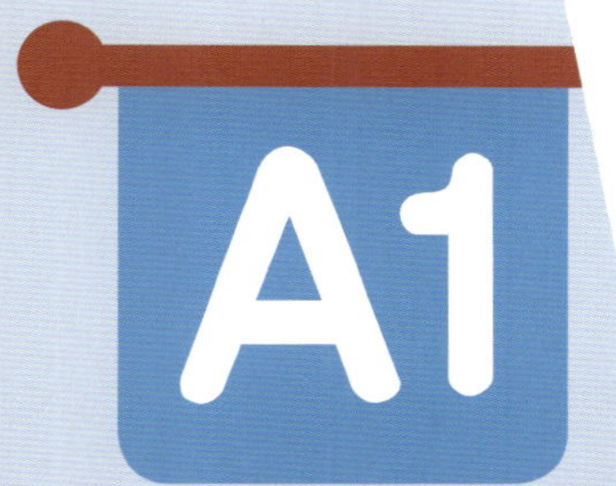


천재교육

# 학부모 가이드

# Ⅰ 아프리카 케냐



### ⊞ 단원소개

아프리카 케냐에 살고 있는 동물의 수를 세어 보며, 1~9까지의 수를 쓰고 읽는 방법을 익힐 수 있습니다. 1~9까지의 수 개념을 이해하고, 6, 7, 8, 9가 각각 5보다 얼마나 큰 수인지 알 수 있습니다.

### ⊞ 학습목표

**1** 동물의 수를 세어 1, 2, 3의 개념을 이해하고, 1, 2, 3을 바르게 쓰고 읽게 합니다.
**2** 동물의 수를 세어 4, 5의 개념을 이해하고, 4, 5를 바르게 쓰고 읽게 합니다.
**3** 동물의 수를 세어 6, 7, 8, 9의 개념을 이해하고, 6, 7, 8, 9를 바르게 쓰고 읽게 합니다.
**4** 6, 7, 8, 9가 각각 5보다 얼마나 큰 수인지 알게 합니다.

### ⊞ 스토리 동기유발

국립공원으로 유명한 아프리카 케냐의 동물을 관찰하고, 여러 국립공원의 특징을 살펴보는 이야기입니다. 그 밖에도 케냐에는 어떤 동물이 살고 있을지 아이와 함께 이야기해 볼 수 있습니다.

**14 · 15**

기린을 한 마리씩 짚어가며 수를 세어 봅니다. 기린의 꼬리, 뿔, 다리가 몇 개인지 셀 수 있게 도와줍니다. 그 밖에 셀 수 있는 것을 찾아 함께 세어 볼 수 있습니다.

## 개념 알기 1 — 1, 2, 3 알아보기

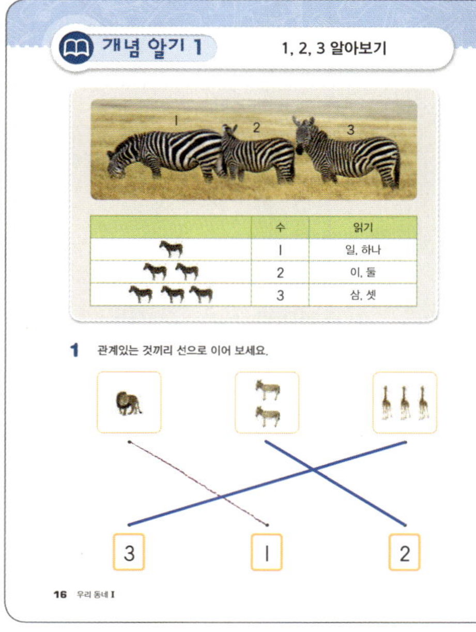

| | 수 | 읽기 |
|---|---|---|
| | 1 | 일, 하나 |
| | 2 | 이, 둘 |
| | 3 | 삼, 셋 |

**1** 관계있는 것끼리 선으로 이어 보세요.

**2** 수를 따라 쓰고, 빈칸에 알맞은 말을 써넣으세요.

**3** 빈 곳에 알맞은 수와 말을 모두 붙여 보세요.

### 16 · 17

1, 2, 3의 개념을 이해하고, 1, 2, 3을 바르게 쓰고 읽어 봅니다.

**1** 동물의 수를 바르게 연결할 수 있도록 도와줍니다.

**2** 1, 2, 3을 쓰고, 읽는 방법을 익히는 문제입니다. 아이가 바르게 쓰고 읽을 수 있도록 지도해 줍니다.

**3** 동물의 수를 세어 알맞은 수와 읽는 방법을 붙임 딱지로 나타낼 수 있도록 도와줍니다.

## 개념 알기 2 — 4, 5 알아보기

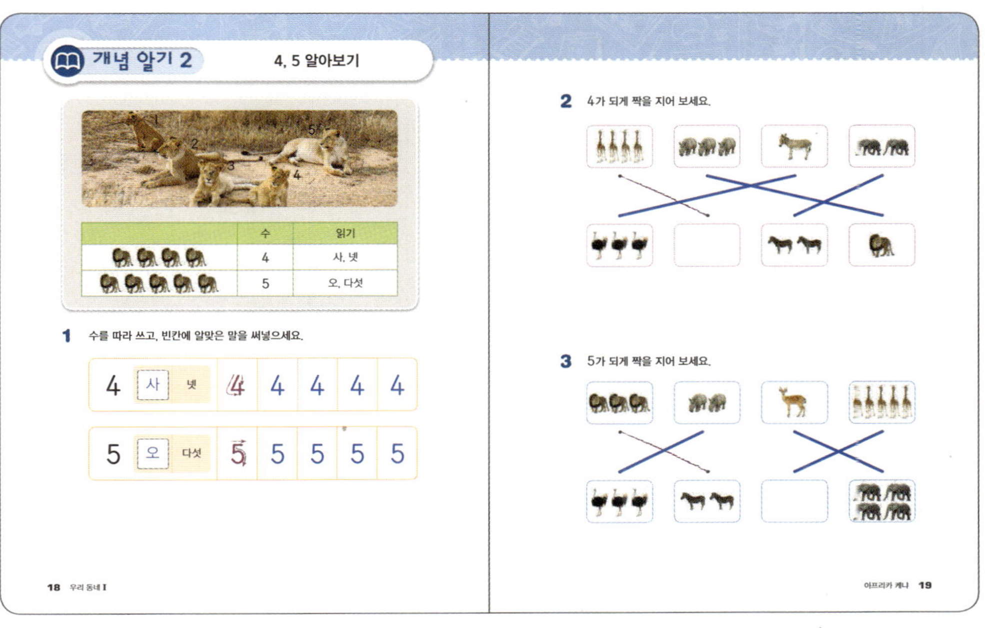

| | 수 | 읽기 |
|---|---|---|
| | 4 | 사, 넷 |
| | 5 | 오, 다섯 |

**1** 수를 따라 쓰고, 빈칸에 알맞은 말을 써넣으세요.

**2** 4가 되게 짝을 지어 보세요.

**3** 5가 되게 짝을 지어 보세요.

### 18 · 19

4, 5의 개념을 이해하고, 4, 5를 바르게 쓰고 읽어 봅니다.

**1** 4, 5를 쓰고, 읽는 방법을 익히는 문제입니다. 아이가 바르게 쓰고 읽을 수 있도록 지도해 줍니다.

**2** 동물이 모두 4마리가 되도록 선으로 연결합니다. 동물 그림이 없는 것은 '0'(영)이라는 말 대신 '아무것도 없는 것'의 의미로 이해할 수 있게 도와줍니다.

**3** 동물이 모두 5마리가 되도록 선으로 연결합니다.

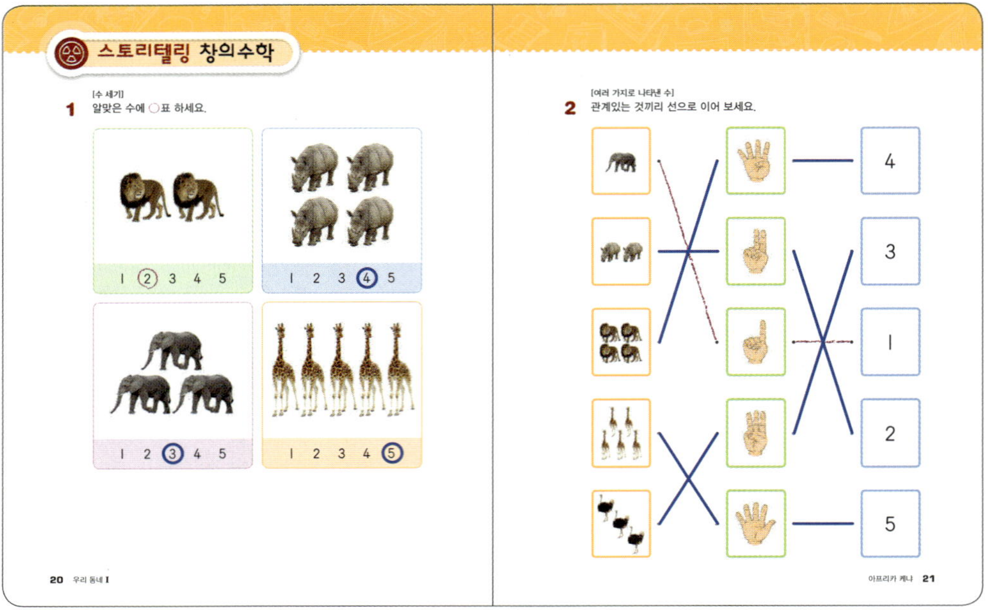



**20 · 21**

**1** 동물을 한 마리씩 짚어가며 수를 세어 봅니다.

**2** 다양한 방법으로 표현된 1, 2, 3, 4, 5를 같은 수끼리 연결하는 문제입니다. 아이가 어려워할 경우 각 그림에 해당하는 수를 적어 본 후 선으로 연결할 수 있습니다.

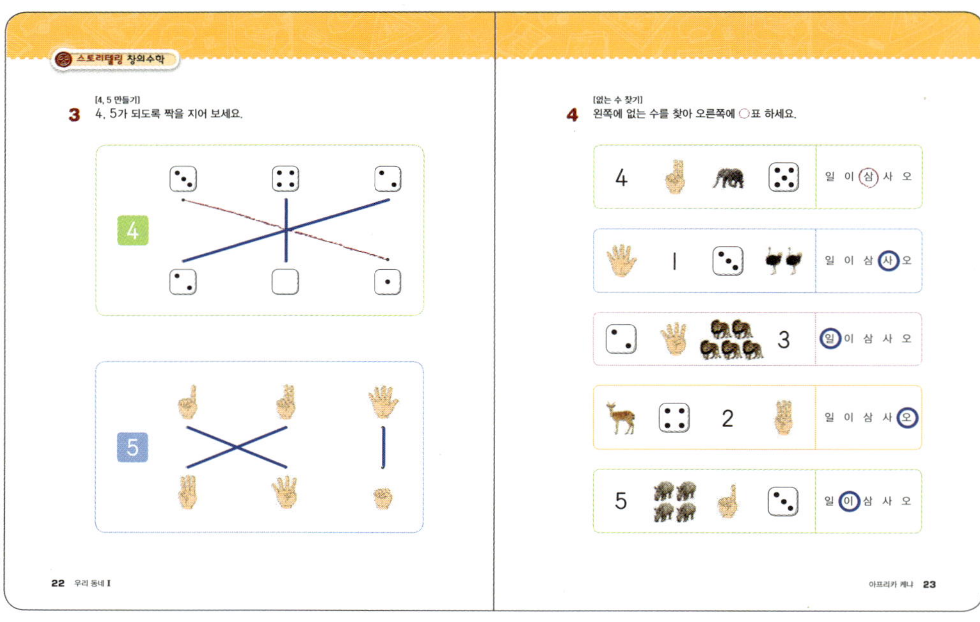



**22 · 23**

**3** 주사위의 눈을 세어 4가 되도록 연결하고, 펴진 손가락의 개수를 세어 5가 되도록 연결합니다. 0은 '아무것도 없는'의 의미로 이해할 수 있게 도와줍니다.

**4** 다양한 방법으로 표현된 수들 중 없는 수를 고르는 문제입니다. 각 그림에 해당하는 수를 적어 본 후 문제를 해결할 수 있습니다.

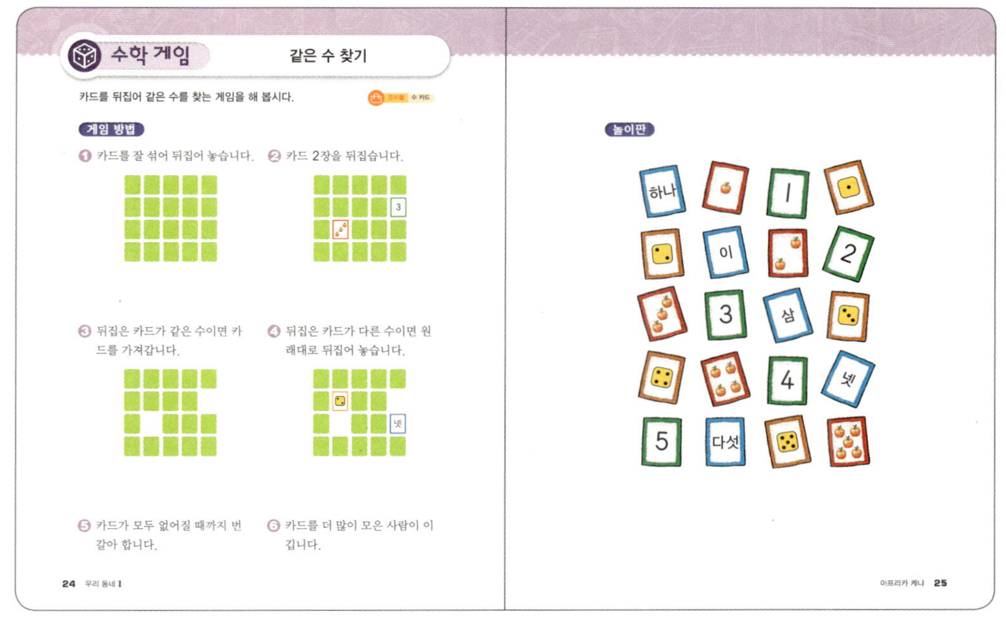



**24 · 25**

다양한 방법으로 표현된 1, 2, 3, 4, 5 카드 중 뒤집은 두 장의 카드가 같은 수를 나타내면 가져가는 게임입니다. 다른 수를 나타내어 다시 뒤집어 놓은 카드를 기억해 두었다가 같은 수를 나타내는 카드 두 장을 찾는 과정을 반복하면 기억력을 키우는 데 도움이 됩니다.

**26 · 27**

사자, 코뿔소, 타조의 수를 세어 그 수만큼 색칠하는 활동을 통해 6, 7, 8의 개념을 이해할 수 있습니다. 동물의 수를 셀 때는 중복해서 세지 않도록 하나의 기준점을 정해 차례대로 셀 수 있도록 도와줍니다. 실수를 줄이려면 선(/)으로 하나씩 지워가며 세거나 동그라미(○)를 하나씩 그리며 세는 것이 좋습니다.

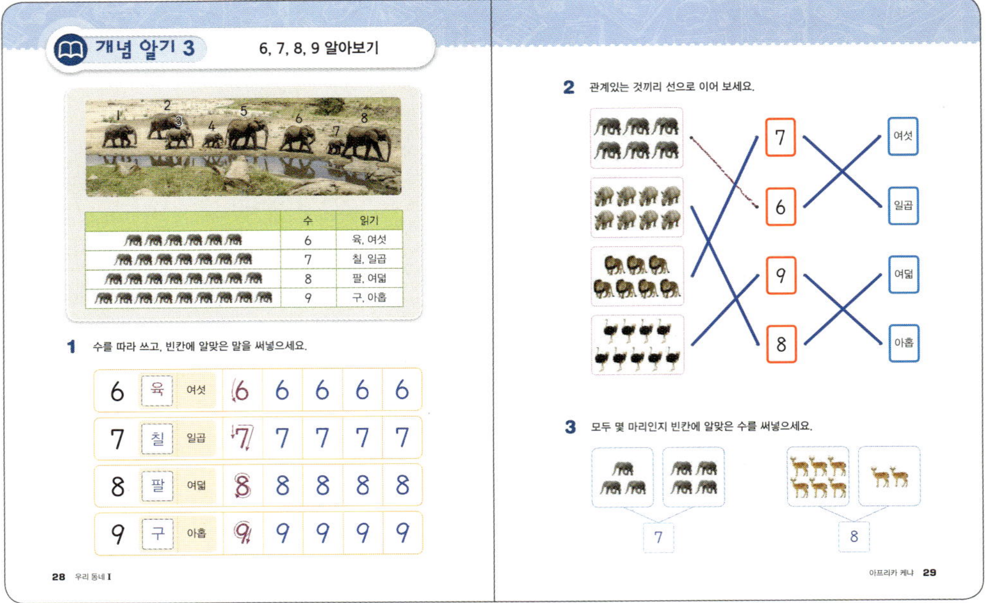



**28 · 29**

6, 7, 8, 9의 개념을 이해하고, 6, 7, 8, 9를 바르게 쓰고 읽어 봅니다.

**1** 6, 7, 8, 9를 바르게 쓰고 읽는 방법을 익혀 봅니다.

**2** 동물의 수를 세어 같은 수를 나타내는 것끼리 선으로 연결해 봅니다. 수를 따라 읽으며 선으로 연결해도 좋습니다.

**3** 동물의 수를 모아 몇 마리가 되는지 알아봅니다. 동물을 하나씩 세어가며 모두 몇 마리인지 구하도록 합니다.

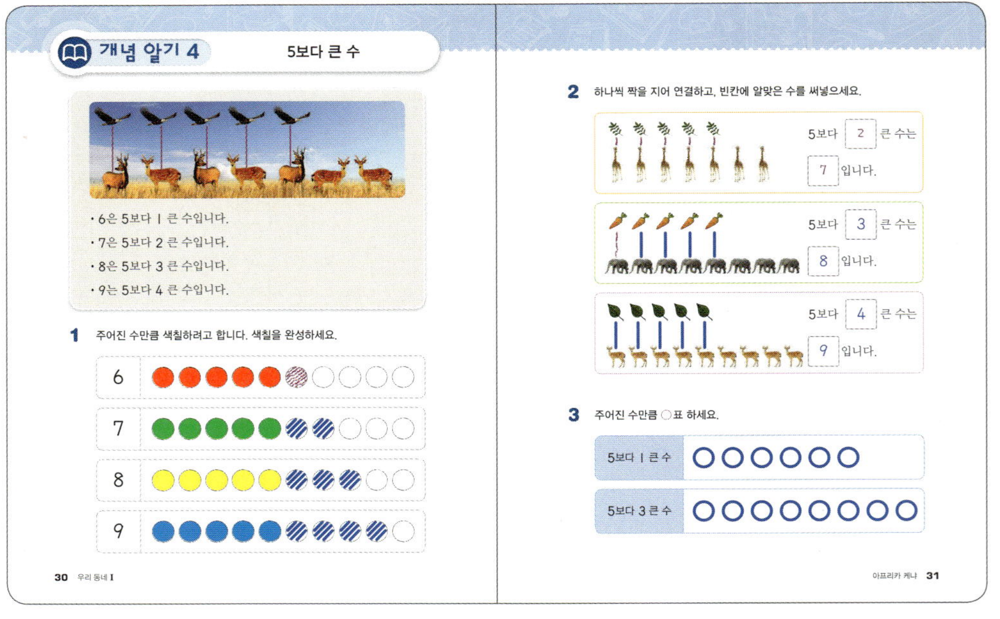



**30 · 31**

6, 7, 8, 9가 각각 5보다 얼마나 큰 수인지 확인해 봅니다.

**1** 주어진 수가 되려면 ○를 몇 개 더 색칠해야 하는지 생각하게 합니다. 더 큰 수가 더 많은 것이라는 것을 직관적으로 이해할 수 있습니다.

**2** 먹이와 동물을 하나씩 짝을 지어 남는 쪽이 더 큰 수라는 것을 확인합니다.

**3** 5보다 1 큰 수는 6, 5보다 3 큰 수는 8이므로 ○표를 6개, 8개 하였는지 수를 세어 확인하게 합니다.

## 스토리텔링 창의수학

[동물의 수]

**1** 동물의 수를 세어 빈칸에 알맞은 수를 써넣으세요.

| 4 마리 | 7 마리 | 6 마리 |
| --- | --- | --- |



[1부터 9까지의 수]

**2** 빈칸을 채우고, 수만큼 색칠하세요.

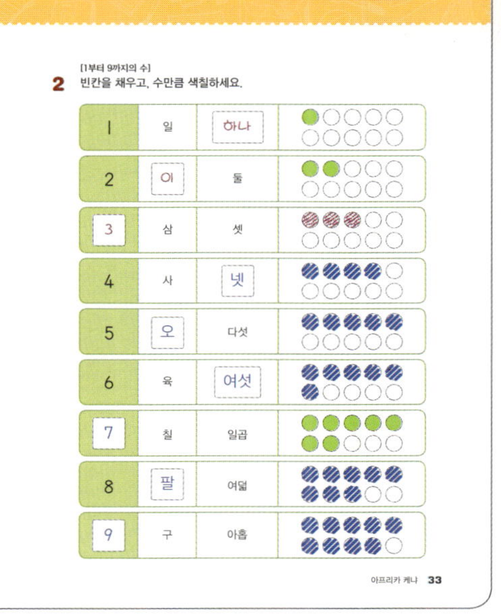

|  |  |  |  |
| --- | --- | --- | --- |
| 1 | 일 | 하나 | ●○○○○ ○○○○○ |
| 2 | 이 | 둘 | ●●○○○ ○○○○○ |
| 3 | 삼 | 셋 | ●●●○○ ○○○○○ |
| 4 | 사 | 넷 | ●●●●○ ○○○○○ |
| 5 | 오 | 다섯 | ●●●●● ○○○○○ |
| 6 | 육 | 여섯 | ●●●●● ●○○○○ |
| 7 | 칠 | 일곱 | ●●●●● ●●○○○ |
| 8 | 팔 | 여덟 | ●●●●● ●●●○○ |
| 9 | 구 | 아홉 | ●●●●● ●●●●○ |



**32 · 33**

**1** 동물의 수를 세어 그 수를 적어 봅니다. 같은 종류의 동물끼리 세어야 합니다. 중복해서 세지 않도록 선(/)으로 하나씩 지워가며 셀 수 있도록 도와줍니다.

**2** 다양한 방법으로 수를 표현한 것입니다. 그 밖에 다양한 방법(손가락, 구체물, 몸 동작 등)으로 수를 표현해 볼 수 있습니다.

---

## 스토리텔링 창의수학

[동물의 먹이]

**3** 케냐에 사는 동물들이 좋아하는 먹이입니다. 먹이의 수를 세어 빈칸에 알맞은 수를 써넣으세요.

| 3 개 | 4 개 | 6 개 | 7 개 |
| --- | --- | --- | --- |



[다른 하나]

**4** 나타내는 수가 다른 하나를 찾아 ✕표 하세요.

|  |  |  |  |
| --- | --- | --- | --- |
| 타조 6 | 손가락(✕) | 주사위 6 | 6 |
| 코뿔소 7 | 손가락 7 | 주사위(✕) | 7 |
| 사자 8 | 손가락 8 | 주사위 8 | (✕) |
| 영양(✕) | 손가락 9 | 주사위 9 | 9 |



**34 · 35**

**3** 같은 종류의 먹이끼리 나누어 세어 봅니다. 중복해서 세지 않도록 규칙을 정해 차례대로 셀 수 있게 도와줍니다.

**4** 다양한 방법으로 표현한 수들 중 같지 않은 것을 찾는 문제입니다. 아이가 공통적인 수 개념 찾기를 어려워한다면 다양한 상황을 예로 들어줄 수 있습니다.

# Ⅱ 아시아 요르단



아시아 요르단의 동물, 공예품 등을 세어 보며 '하나 더 많다', '하나 더 적다'는 개념을 이해할 수 있습니다. 동물이나 사물을 하나만 옮겨 1 큰 수와 1 작은 수를 만들 수 있습니다.

## 학습목표

1 어떤 수보다 하나 더 많은 수가 '1 큰 수'임을 알게 합니다.
2 어떤 수보다 하나 더 적은 수가 '1 작은 수'임을 알게 합니다.
3 하나 더 많고, 적다는 개념을 이용하여 1 큰 수와 1 작은 수를 찾게 합니다.
4 보석 1개를 옮겨 어떤 수보다 1 큰 수와 1 작은 수를 만들게 합니다.

## 스토리 동기유발

아시아 요르단의 고대 도시인 페트라에 대해 살펴보고, 요르단과 이스라엘에 걸쳐 있는 사해에 대해 소개하는 이야기입니다. 그 밖에 요르단에는 어떤 동물이 살고, 어떤 것으로 유명한지 아이와 함께 이야기해 볼 수 있습니다.

**44 · 45**

혹이 1개인 낙타(단봉낙타) 3마리와 혹이 2개인 낙타(쌍봉낙타) 4마리가 있는 사진을 보고, 혹이 몇 개 더 많은지, 어떤 낙타가 몇 마리 더 많은지 이야기해 볼 수 있습니다.

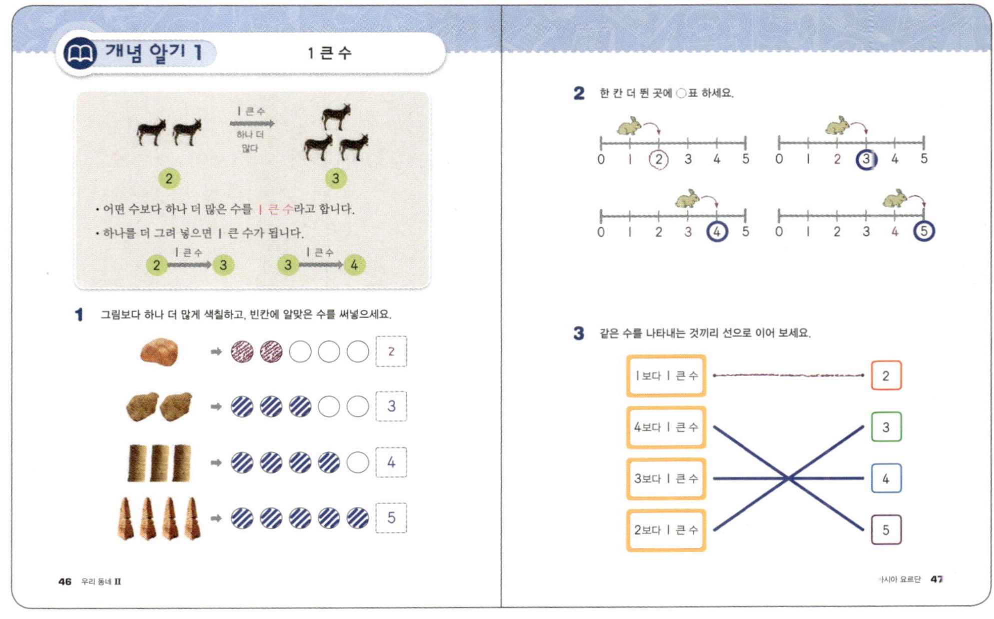

**46 · 47**

어떤 수보다 하나 더 많은 수가 1 큰 수임을 알아봅니다.

**1** 주어진 그림보다 하나 더 많게 색칠하고, 1 큰 수를 써 봅니다.

**2** 수직선에서 한 칸 더 뛰어 센 수는 1 큰 수입니다.

**3** 어떤 수보다 1 큰 수를 찾아 연결해 봅니다.

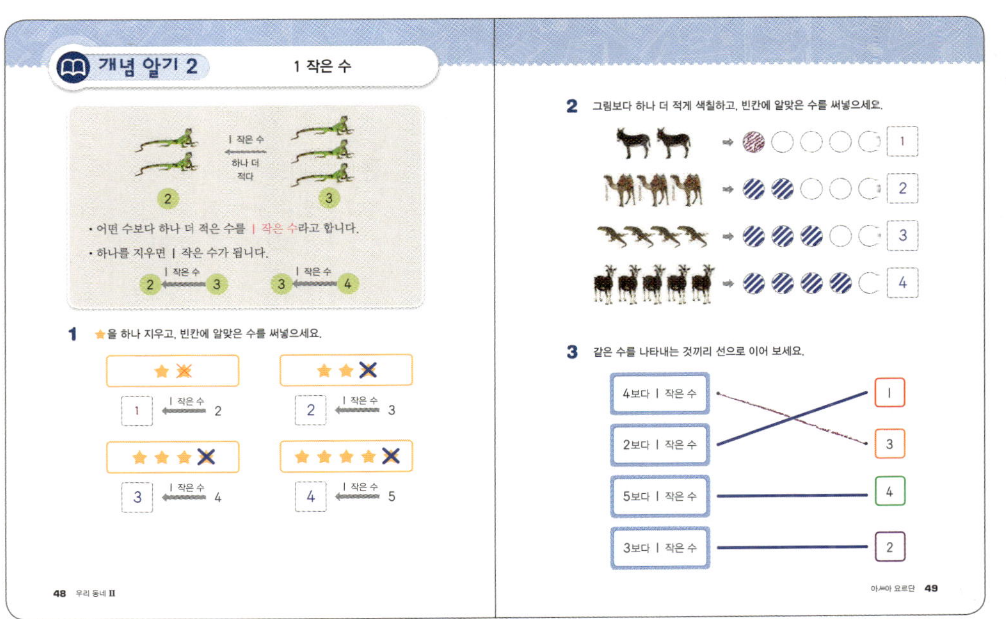

**48 · 49**

어떤 수보다 하나 더 적은 수가 1 작은 수임을 알아봅니다.

**1** ★을 하나씩 지워 1 작은 수를 구합니다.

**2** 주어진 그림보다 하나 더 적게 색칠하고, 1 작은 수를 써 봅니다.

**3** 어떤 수보다 1 작은 수를 찾아 연결해 봅니다.

**50 · 51**

**1** 동물의 수를 세어 그 수보다 1 작은 수와 1 큰 수를 그림으로 나타내어 봅니다.

**2** 어떤 수보다 1 큰 수는 ○를, 1 작은 수는 ✕를 그려 나타내고, 해당하는 수를 쓸 수 있습니다.

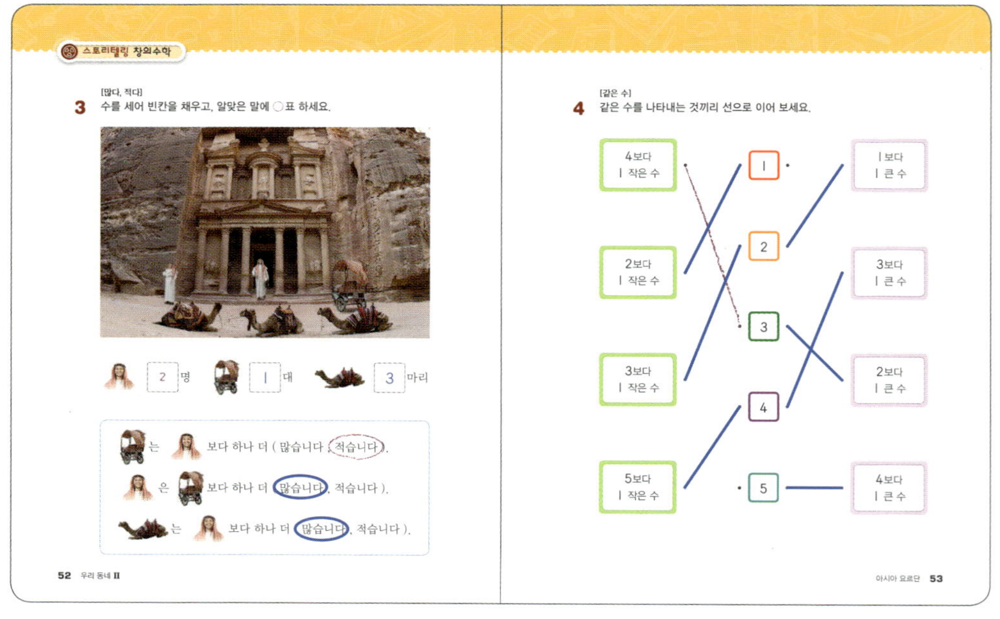



**52 · 53**

**3** 3까지의 수를 세어 보고, 두 수의 크기를 비교해 봅니다. 사물의 개수를 세어 비교할 수 있습니다.

**4** 하나의 수를 어떤 수보다 1 큰 수와 1 작은 수로 표현할 수 있다는 것을 이해하고, 같은 수를 나타내는 것끼리 선으로 연결할 수 있습니다.

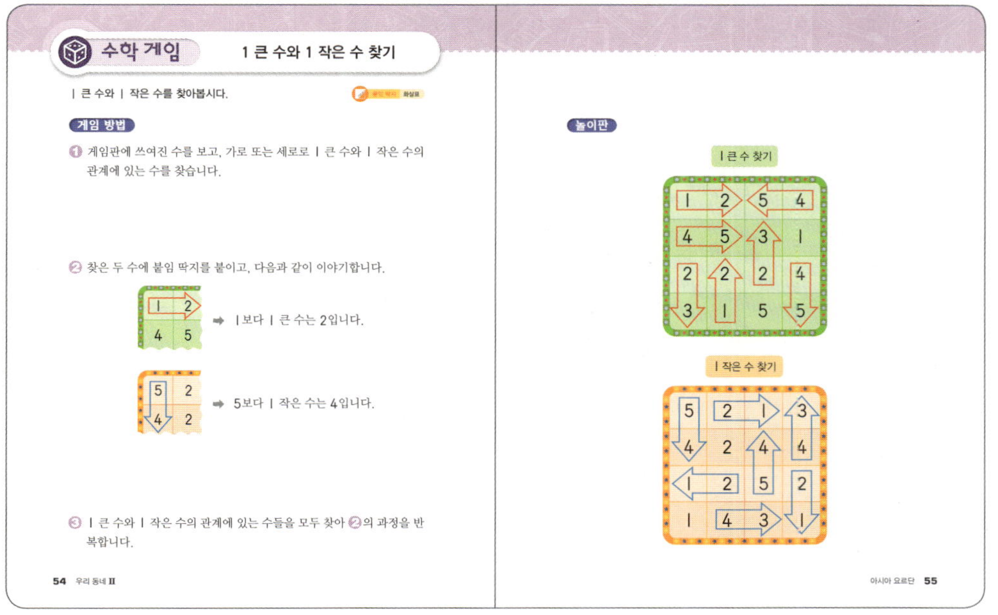

**54 · 55**

가로와 세로 방향으로 1 큰 수와 1 작은 수 관계에 있는 수들을 모두 찾아 화살표 붙임 딱지를 붙여 봅니다. 붙임 딱지를 붙이고, 두 수의 크기를 비교하여 정확하게 이야기할 수 있게 도와줍니다.

**56 · 57**

공예품의 수를 세어 보고, 하나 더 많게 붙임 딱지를 붙여 봅니다. 하나 더 많은 것은 1 큰 수와 같음을 이해할 수 있습니다.

## 개념 알기 3 — 1 큰 수와 1 작은 수

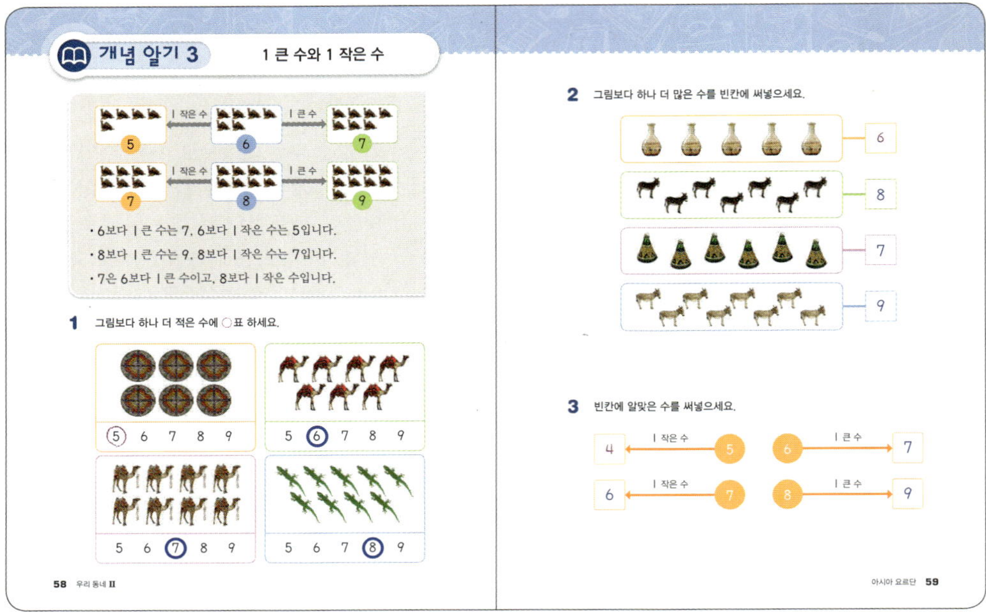





**58 · 59**

하나 더 많고, 적다는 개념을 이용하여 1 큰 수와 1 작은 수를 알아봅니다.

**1** 주어진 그림을 세어 보고, 하나 더 적은 수를 찾아봅니다. 하나 더 적은 것은 1 작은 수와 같습니다.

**2** 주어진 그림을 세어 보고, 하나 더 많은 수를 쓰게 합니다. 하나 더 많은 것은 1 큰 수와 같습니다.

**3** 그림으로 나타내지 않은 수의 1 작은 수, 1 큰 수를 알아봅니다.

## 개념 알기 4 — 1개 옮기기

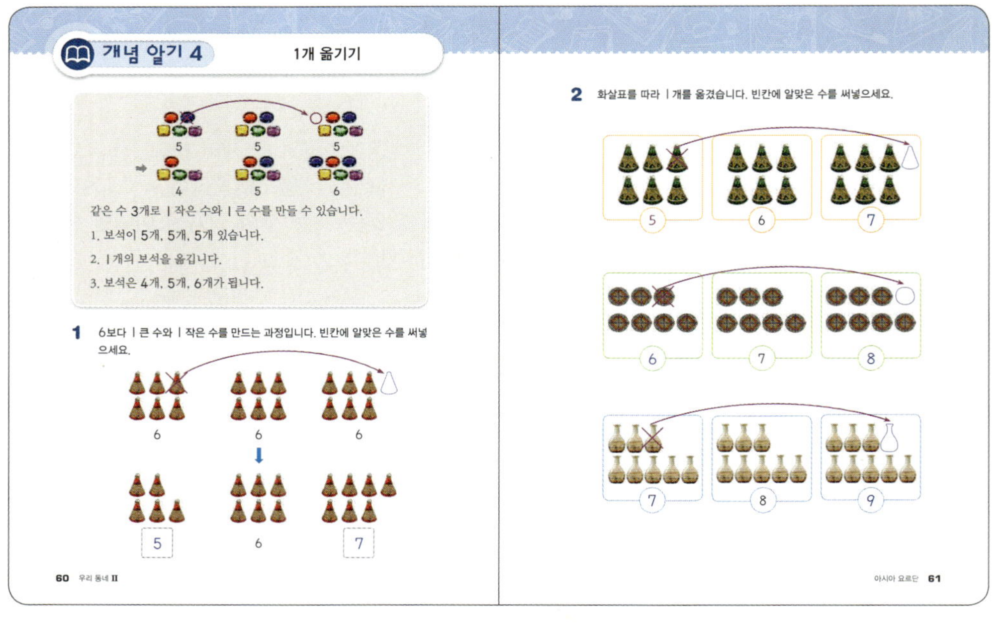





**60 · 61**

보석 1개를 옮겨 어떤 수보다 1 큰 수와 1 작은 수를 만들어 봅니다.

**1** 공예품 6개 중 1개를 다른 쪽으로 옮기면 5, 6, 7을 만들 수 있습니다. 5는 6보다 1 작은 수이고, 7은 6보다 1 큰 수입니다.

**2** 1개를 옮기면 각각 5, 6, 7과 6, 7, 8과 7, 8, 9가 됩니다. 7보다 1 큰 수인 8은 9보다 1 작은 수입니다.

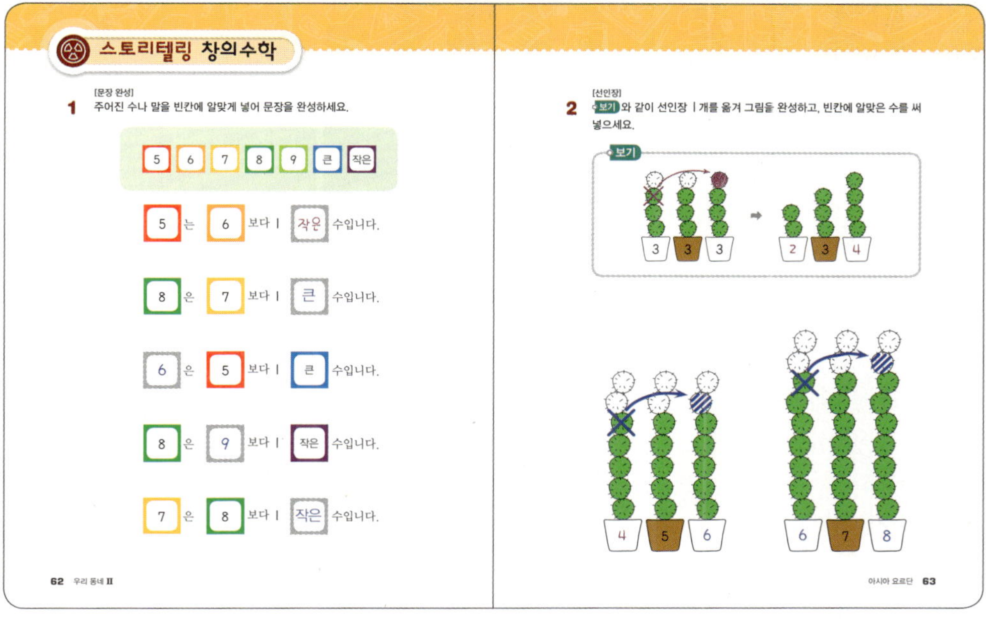



**62 · 63**

**1** 알맞은 수나 말을 사용하여 문장을 완성해 봅니다. 6보다 1 큰 수는 차례로 늘어놓았을 때 6의 뒤의 수 7이며, 1 작은 수는 6의 앞의 수 5임을 이해할 수 있게 도와줍니다.

**2** 선인장 1개를 옮기면 각각 4, 5, 6과 6, 7, 8을 만들 수 있습니다.

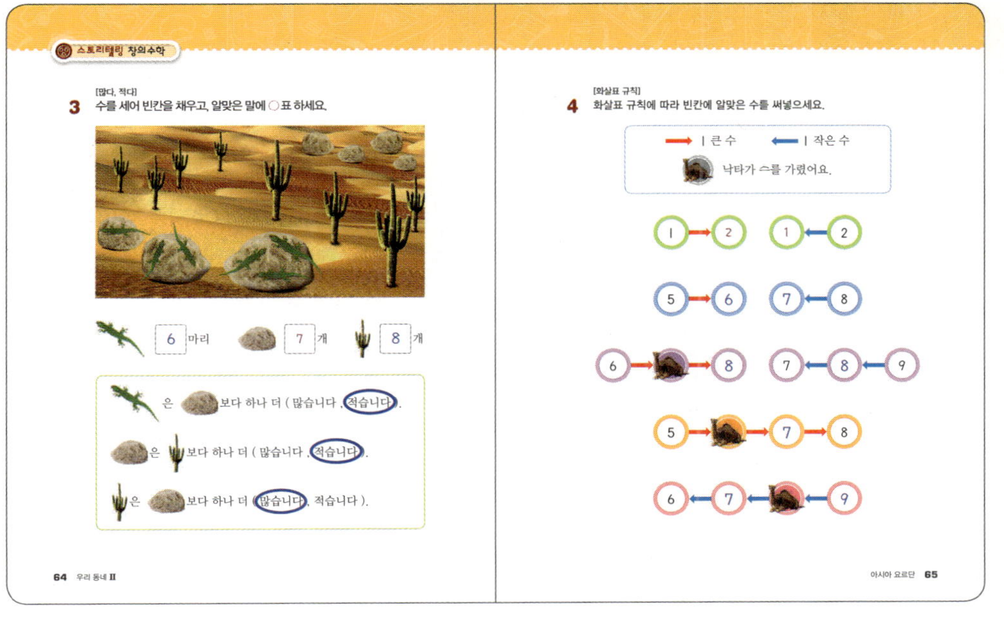



**64 · 65**

**3** 도마뱀과 돌, 선인장을 각각 세어 보고, 무엇이 하나 더 많고, 적은지 비교해 봅니다. 돌의 수를 셀 때는 도마뱀 아래에 있는 큰 돌도 함께 세어야 합니다.

**4** 화살표 규칙에 따라 1 큰 수와 1 작은 수를 채워 봅니다. 낙타에 가려진 곳에는 수를 쓸 수 없습니다. 어떤 수가 가려져 있는지 예상해 보고, 빈칸을 채울 수 있도록 도와줍니다.

# Ⅲ 유럽 이탈리아



**단원소개**

이탈리아의 베네치아에서 유명한 곤돌라와 가면을 세어 보며 무엇이 얼마나 더 많은지 알 수 있습니다. 또한 가르기를 활용하여 똑같이 가를 수 있는 수와 똑같이 가를 수 없는 수를 알아 봅니다.

**학습목표**

1 더 많고, 더 적다는 개념과 더 큰 수와 더 작은 수라는 개념을 이해하게 합니다.
2 두 수의 크기를 비교하여 크다, 작다를 말할 수 있게 합니다.
3 똑같은 두 수로 가를 수 없는 수를 알아봅니다.
4 똑같은 두 수로 가를 수 있는 수를 알아봅니다.

**스토리 동기유발**

유럽 이탈리아의 여러 도시 중 베네치아의 특징을 살펴보고, 베네치아의 유명한 관광지를 둘 러보는 이야기입니다. 그 밖에 이탈리아에는 어떤 도시가 있는지 아이와 함께 이야기해 볼 수 있습니다.

**74 · 75**

여행객 5명을 곤돌라 2대에 나누어 태우는 방법은 1명과 4명, 2명과 3명, 3명과 2명, 4명과 1명으로 4가지입니다. 아이가 자유롭게 나누어 태우고, 더 많이 탄 배를 고를 수 있게 도와줍니다.

## 개념 알기 1 — 두 수의 크기 비교 (1)

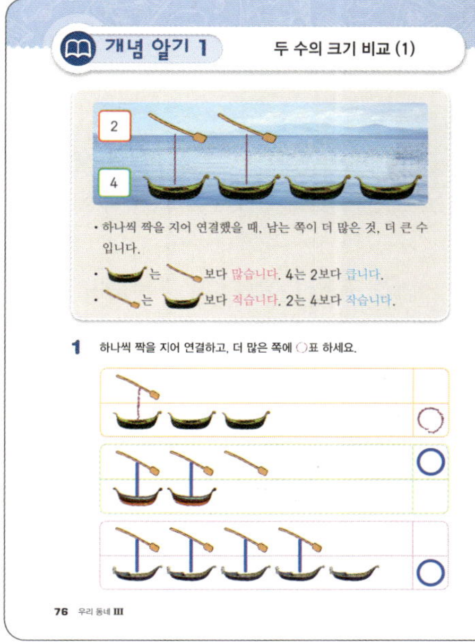

## 개념 알기 2 — 두 수의 크기 비교 (2)

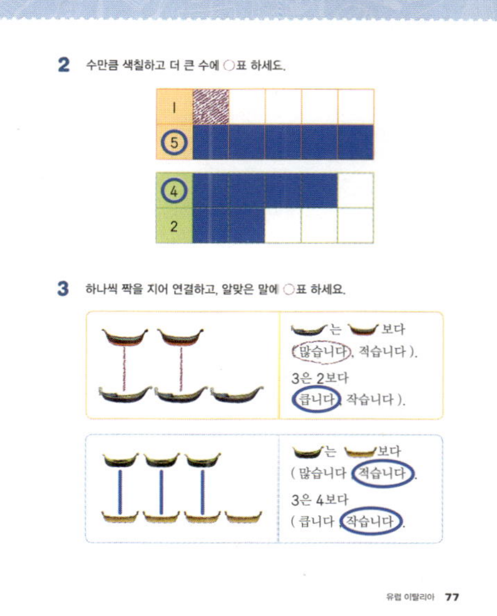

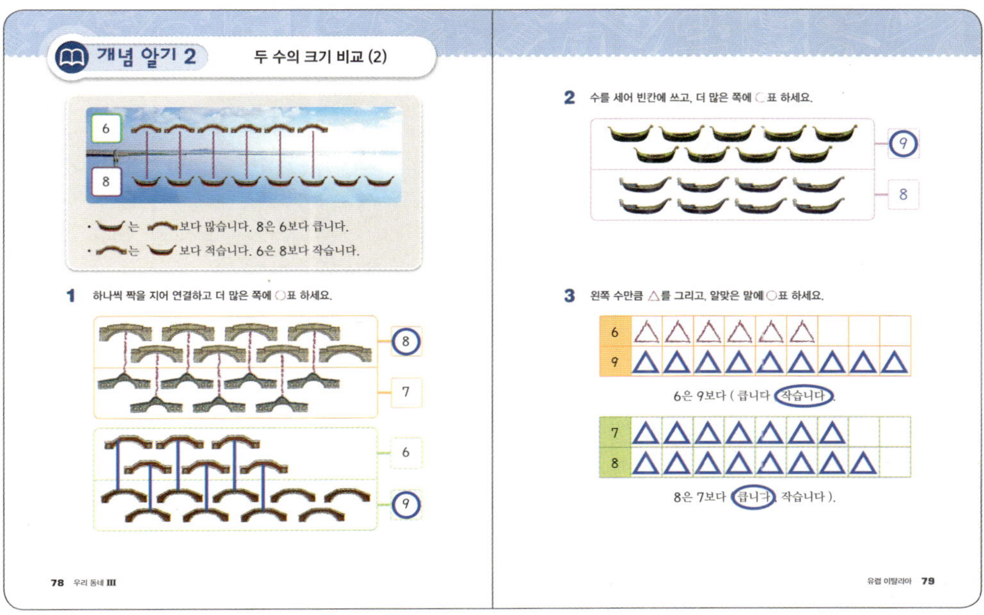

**76 · 77**

1개부터 5개까지의 사물을 짝을 지어 연결해 보고, 무엇이 더 많고, 더 큰 수인지 알아봅니다.

**1** 하나씩 짝을 지어 연결하여 더 많은 것을 고릅니다. 수를 세어 쓰고, 더 큰 수를 찾아볼 수 있습니다.

**2** 수만큼 색칠하여 비교하고 더 큰 수를 찾을 수 있습니다.

**3** 사물의 수를 비교할 때는 '많다', '적다'로 말하지만 수를 비교할 때는 '크다', '작다'로 비교한다는 것을 이해할 수 있습니다.

**78 · 79**

6개부터 9개까지의 사물을 짝을 지어 연결해 보고, 무엇이 더 많고, 더 큰 수인지 알아봅니다.

**1** 하나씩 짝을 지어 연결하여 더 많은 것을 고릅니다.

**2** 곤돌라의 수를 세어 쓰고, 두 수 중에서 더 큰 수를 찾습니다.

**3** 하나씩 세어 가며 수에 맞게 △를 그립니다. 아이가 큰 수와 작은 수를 구별하기 힘들어 하는 경우 더 많은 것이 더 큰 수, 더 적은 것이 더 작은 수라는 것을 다시 한 번 알려 줍니다.

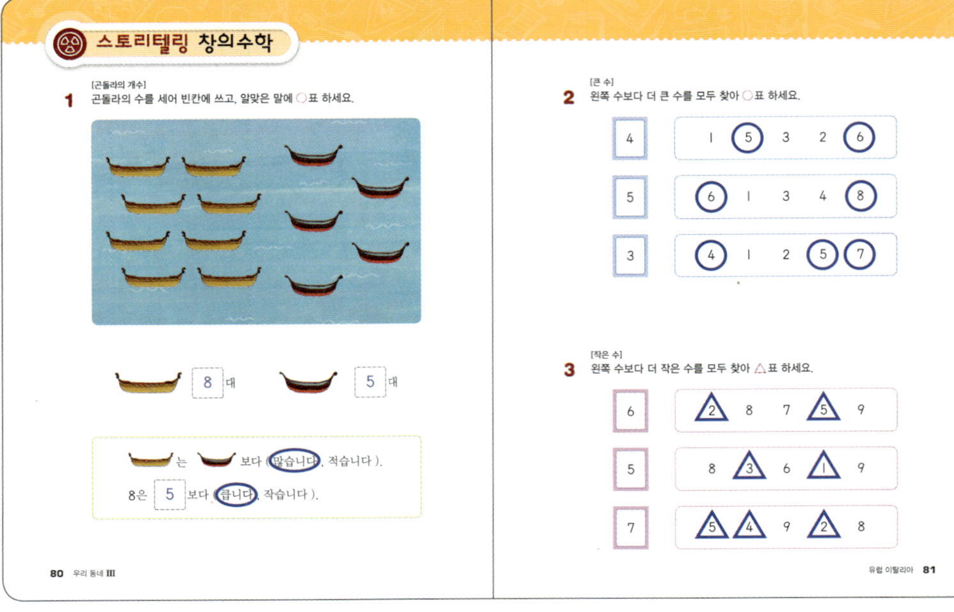



**80 · 81**

**1** 같은 종류의 곤돌라끼리 차례대로 세어 봅니다. 선(/)으로 하나씩 지워가며 세어도 좋습니다.

**2** 주어진 수보다 더 큰 수를 모두 찾도록 도와줍니다.

**3** 주어진 수보다 더 작은 수를 모두 찾도록 도와줍니다.

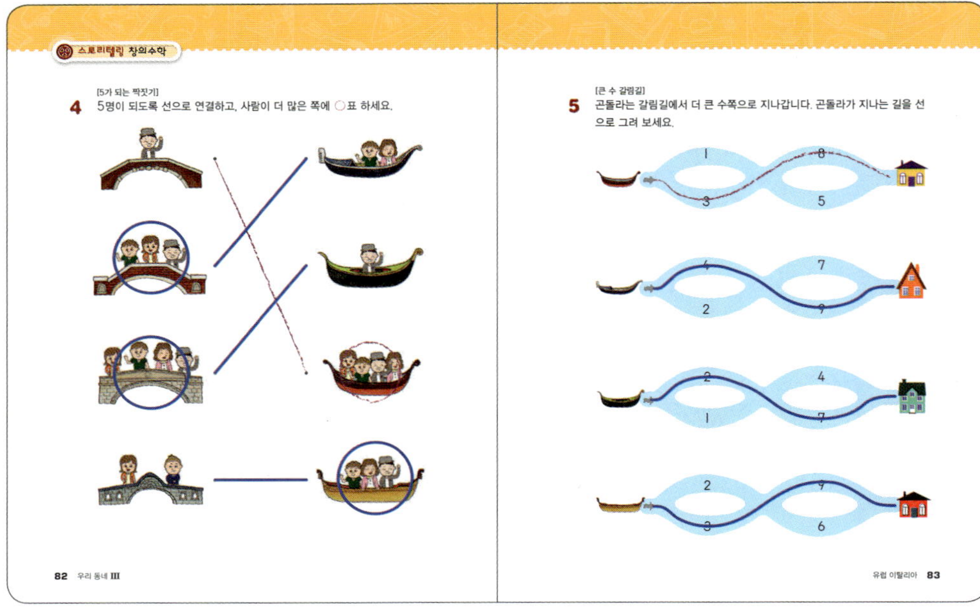



**82 · 83**

**4** 몇 명이 더 있어야 5명이 되는지 생각해 보고, 선으로 연결합니다. 연결한 다리와 곤돌라 중 사람이 더 많은 쪽을 찾습니다.

**5** 갈림길에서 만나게 되는 두 수 중 더 큰 수가 있는 길을 따라갑니다. 아이가 어려워할 경우 각 수만큼 ○를 그려 더 많은 쪽을 고르게 할 수 있습니다.

## 84 · 85

두 사람이 던진 주사위의 눈의 수를 비교하여 더 큰 수가 나온 사람이 그 수만큼 말을 이동하는 게임입니다. 말이 도착한 곳에 그려진 곤돌라의 수만큼 점수판에 색칠하면 됩니다.

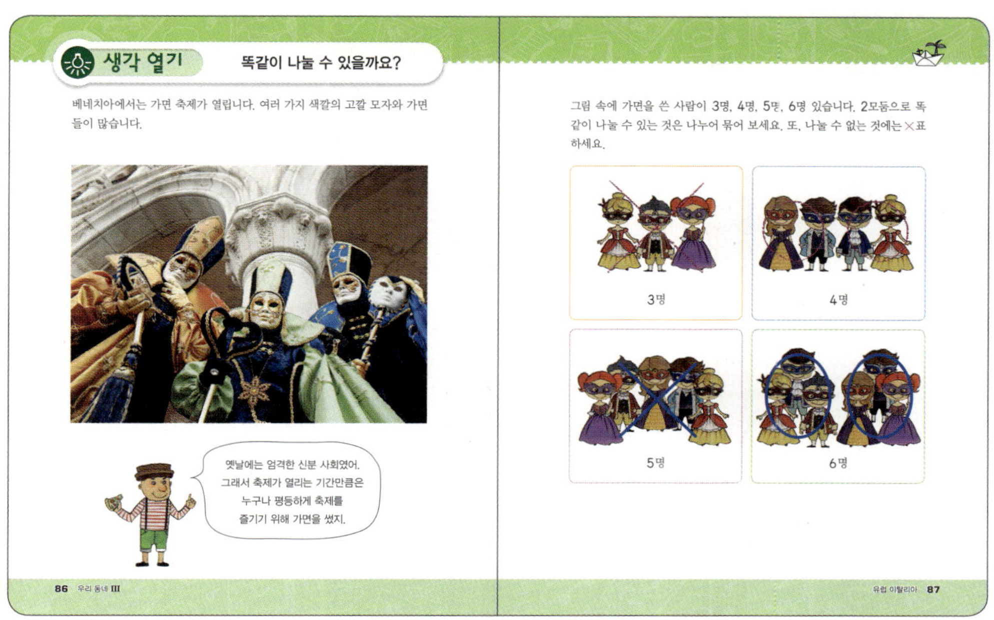



## 86 · 87

여러 명의 사람을 둘로 갈라 보며, 똑같이 나누어지는지 관찰해 봅니다. 똑같이 나눌 수 있는 사람의 수와 똑같이 나눌 수 없는 사람의 수에 대해 이야기해 볼 수 있습니다.

## 개념 알기 3 — 가르기

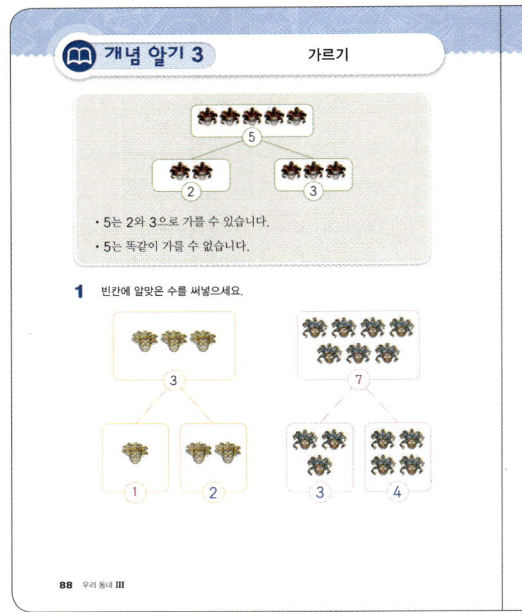

- 5는 2와 3으로 가를 수 있습니다.
- 5는 똑같이 가를 수 없습니다.

**1** 빈칸에 알맞은 수를 써넣으세요.

**2** 5를 가르기하여 빈 곳에 알맞게 ○표 하고, 알맞은 수를 써넣으세요.

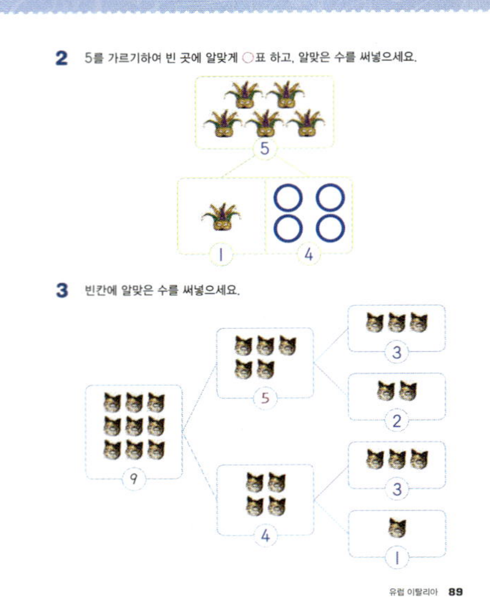

**3** 빈칸에 알맞은 수를 써넣으세요.





**88 · 89**

두 수로 갈라 보며, 똑같이 가를 수 없음을 확인해 봅니다.

**1** 3과 7을 두 수로 갈라 봅니다. 갈라진 두 수가 같지 않다는 것을 확인하고, 두 수의 크기 비교를 할 수 있습니다.

**2** 5를 두 수로 갈라 봅니다. 갈라진 두 수가 서로 같지 않다는 것을 확인합니다.

**3** 9를 두 수로 가르고, 갈라진 두 수를 다시 둘로 갈라 봅니다. 갈라진 수들의 크기를 비교해 볼 수 있습니다.

## 개념 알기 4 — 똑같이 가르기

- 4를 2와 2로 똑같이 가를 수 있습니다.

**1** 빈칸에 알맞은 수를 써넣으세요.

**2** 빈칸에 알맞은 수를 써넣으세요.

**3** 선을 그어 둘로 똑같이 가르기 하세요.

**90 · 91**

두 수로 갈라 보며, 똑같이 가를 수 있음을 확인해 봅니다.

**1** 2와 6을 두 수로 갈라 봅니다. 갈라진 두 수가 같다는 것을 확인할 수 있습니다.

**2** 8을 두 수로 가르고, 갈라진 두 수를 다시 둘로 갈라 봅니다. 똑같은 수로 가를 수 있음을 확인할 수 있습니다.

**3** 4개, 6개를 선을 그어 똑같이 둘로 나누어 봄으로써 4, 6을 똑같이 둘로 나눌 수 있음을 알 수 있습니다.

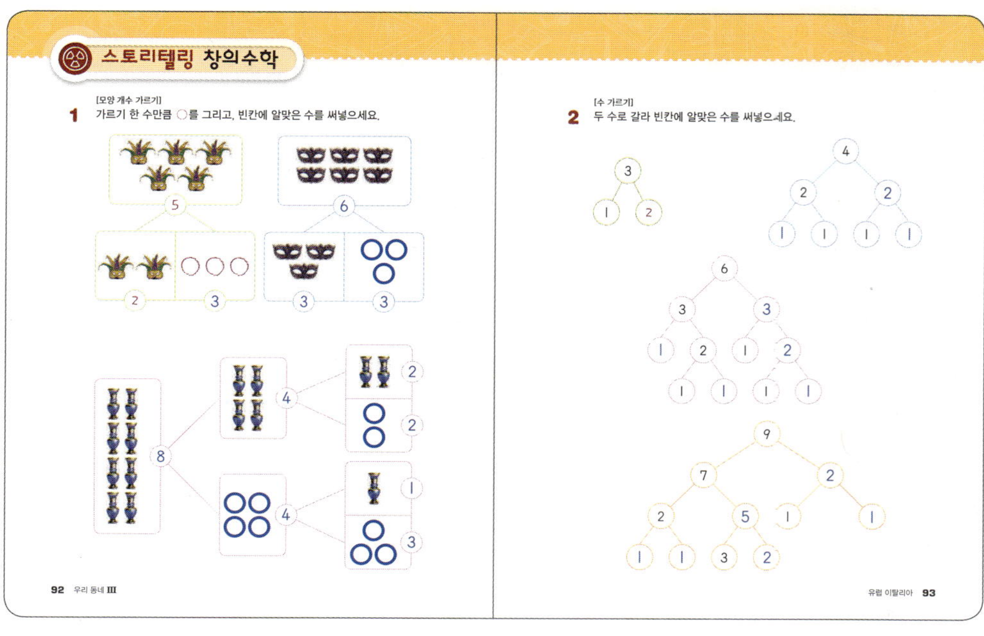


**92 · 93**

**1** 수를 세어 둘로 갈라 봅니다. 똑같이 가를 수 있는 수와 똑같이 가를 수 없는 수를 구분할 수 있습니다.

**2** 위에서 아래로 빈칸을 채워 나갑니다. 가르기가 반복되어 어려워하는 경우, 앞의 내용을 충분히 학습한 후 문제를 해결하게 합니다.

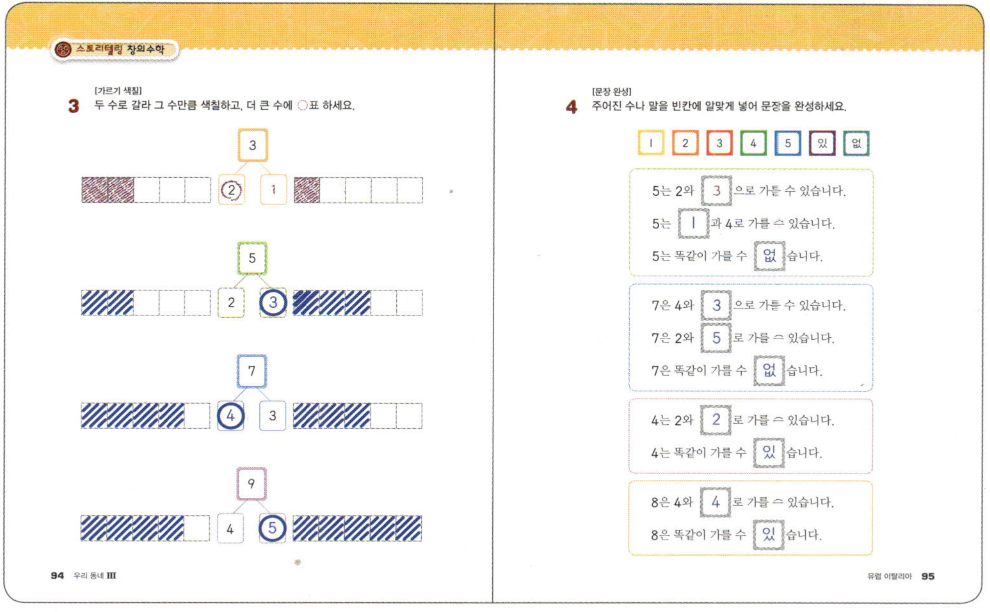


**94 · 95**

**3** 두 수로 가르고, 그 수만큼 색칠합니다. 똑같이 가를 수 없는 수임을 확인하고, 가른 두 수의 크기를 비교해 볼 수 있습니다.

**4** 주어진 수를 두 수로 갈라 보고, 똑같이 가를 수 있는 수와 똑같이 가를 수 없는 수를 구분하여 문장을 완성합니다.

# Ⅳ 미국 뉴욕



규칙을 찾아 문제를 해결할 수 있습니다. 택시가 지나간 칸의 수가 주어진 수가 되도록 길을
만들고, 노노그램 퍼즐을 해결할 수 있습니다.



1 이웃한 두 수의 합을 쓰는 규칙을 찾게 합니다.
2 택시가 지나가는 길 위에 놓여진 수들을 모두 더할 수 있게 합니다.
3 택시가 지나간 칸의 수를 셀 수 있게 합니다.
4 주어진 수와 가로줄, 세로줄에 색칠된 칸의 수가 일치하게 합니다.



미국의 여러 도시 중 뉴욕의 상징인 사과에 대해 알아보고, 자유의 여신상과 핫도그에 대해
소개하는 이야기입니다. 뉴욕에 대해 알고 있는 것을 아이와 함께 이야기해 볼 수 있습니다.

**104 · 105**

주어진 수가 되도록 포스터 2장을 골라
봅니다. 이전 단원에서 배운 수 가르기를
활용하여 주어진 수를 가른 후 문제를 해
결할 수 있습니다.

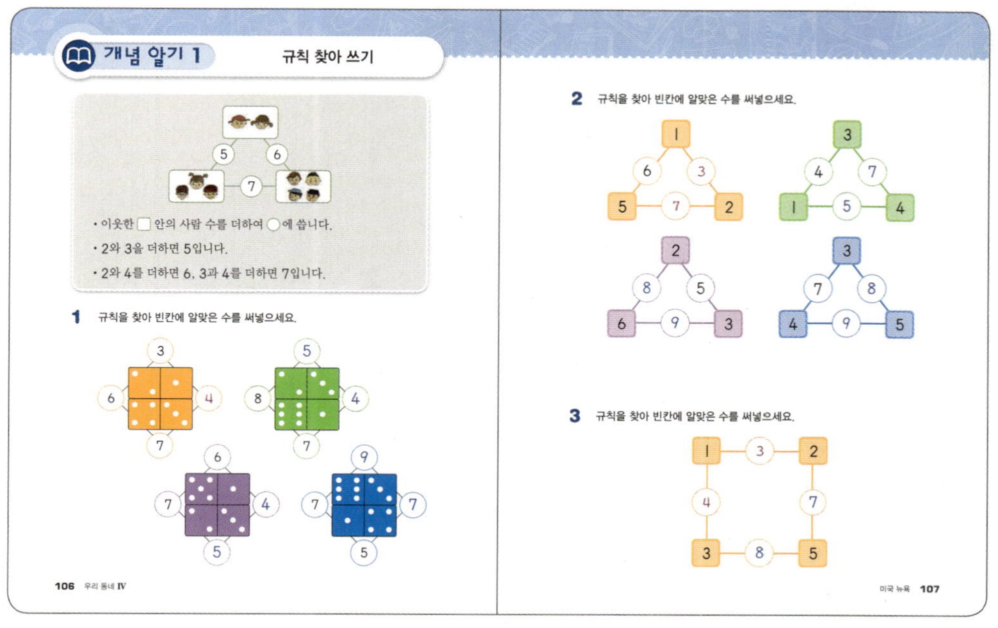



## 106 · 107

이웃한 두 수를 합하여 쓰는 규칙을 찾아 빈칸을 채워 봅니다.

**1** 이웃한 주사위 두 개의 눈의 수를 세어 빈칸을 채우는 규칙입니다. 아이가 직접 규칙을 찾을 때까지 기다려 주세요.

**2** 이웃한 두 수를 합하여 빈칸을 채우는 규칙입니다. 두 수를 더한다는 표현 대신 두 수를 모은다고 표현할 수 있습니다.

**3** 이웃한 두 수의 합을 ○ 안에 쓰는 규칙입니다.

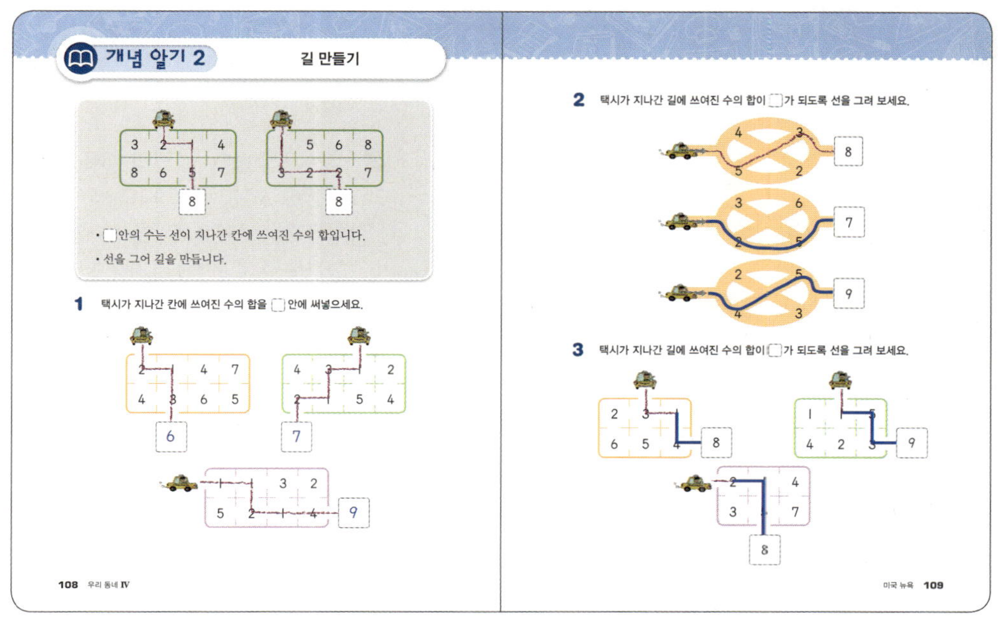



## 108 · 109

지나간 칸에 쓰여진 수의 합이 □ 가 되도록 선을 그립니다.

**1** 택시가 지나간 칸에 쓰인 수의 합을 □ 에 쓸 수 있도록 도와줍니다.

**2** 주어진 수에 도착하는 4가지 방법이 있습니다. 아이가 여러 방법의 길을 따라 가며, 주어진 수를 만들 수 있게 도와줍니다.

**3** 왼쪽, 오른쪽, 아래쪽 길을 따라 가며, 주어진 수를 완성해 봅니다. 한 번에 해결하지 못해도 괜찮습니다. 아이가 길을 찾고, 올바르게 계산할 수 있도록 도와줍니다.

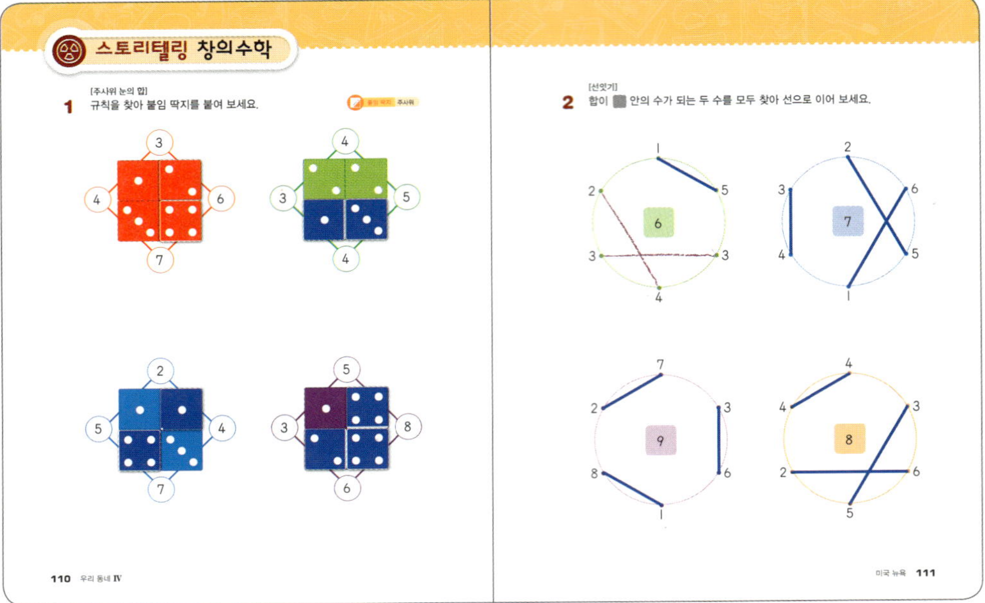



**110 · 111**

**1** 이웃한 주사위의 눈의 수를 모아 ○안의 수가 되도록 붙임 딱지를 붙여 봅니다.

**2** 두 수를 모아 ■안의 수가 되도록 두 수를 선으로 연결합니다. 하나의 수가 되도록 두 수를 모으는 방법은 여러 가지입니다.

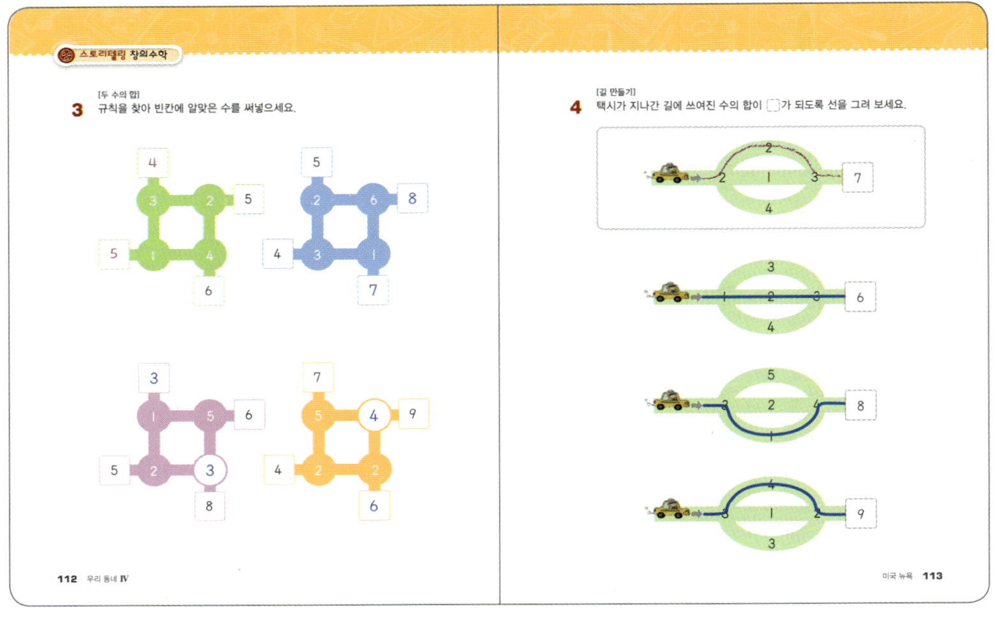



**112 · 113**

**3** 같은 줄에 놓인 ○안의 수를 합하여 □안에 쓰는 규칙입니다. 아이가 규칙을 찾지 못한다면 한 문제를 함께 해결해 주며 규칙을 찾을 수 있게 도와줍니다.

**4** 택시가 □까지 도착하는 방법은 3가지이며, 각 방법마다 3개의 수를 지나게 됩니다. 세 수 모으기로 □안의 수를 만드는 길을 찾을 수 있게 도와줍니다.

## 114 · 115

각 가로줄과 세로줄을 비교하여 빈칸이 하나 있는 줄부터 채워 나갑니다. 빈칸에 알맞은 수를 적어 채워 본 후 붙임 딱지를 붙이면 좋습니다.

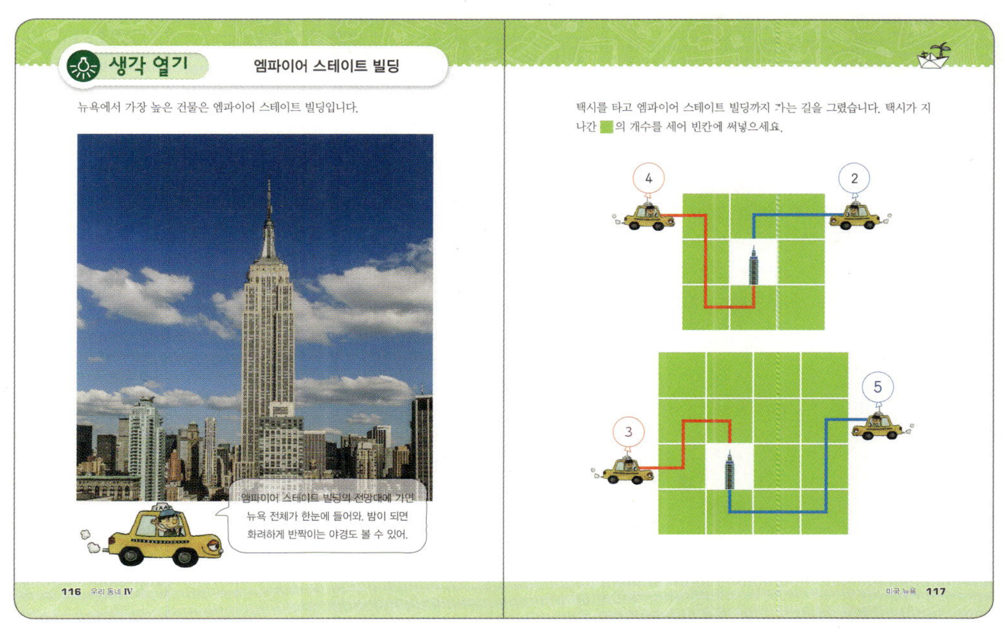



## 116 · 117

택시가 지나간 █의 수를 세어 봅니다. 길이 그려진 칸을 선(/)으로 하나씩 지워가며 세면 헷갈리지 않습니다.

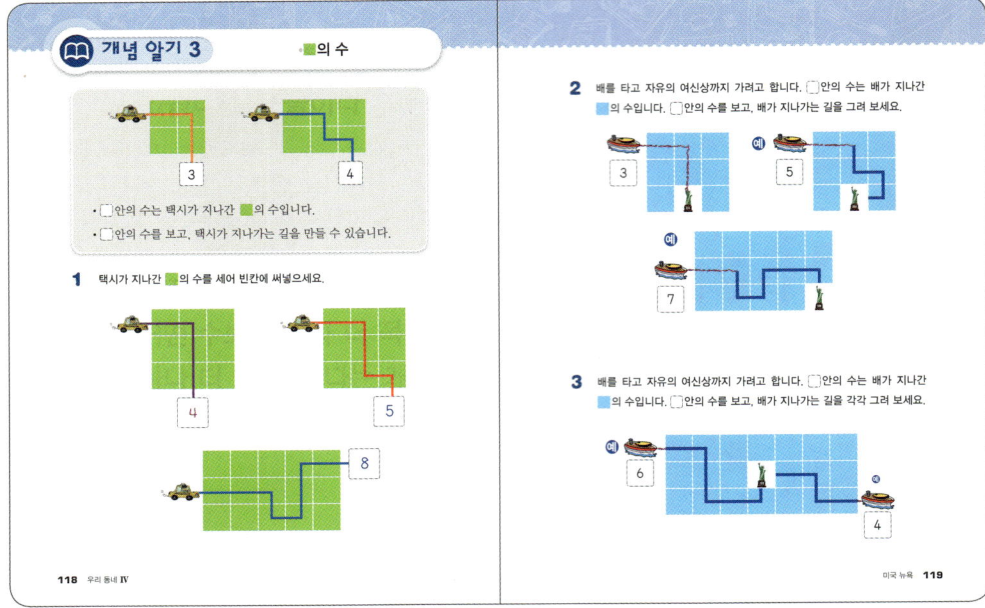




택시와 배가 지나가는 칸의 수를 세어 봅니다. 또한 주어진 수만큼의 칸을 지나는 길을 완성해 봅니다.

**1** 택시가 지나가는 ■의 수를 세어 봅니다. 길이 그려진 칸을 선(/)으로 하나씩 지워가며 셀 수 있습니다.

**2** 주어진 수만큼 ■를 지나는 길을 그려 봅니다. 여러 가지 방법으로 그릴 수 있습니다. 아이가 주어진 수만큼 자유롭게 길을 완성할 수 있게 도와줍니다.

**3** 주어진 수만큼 ■를 지나는 길을 그려 봅니다.

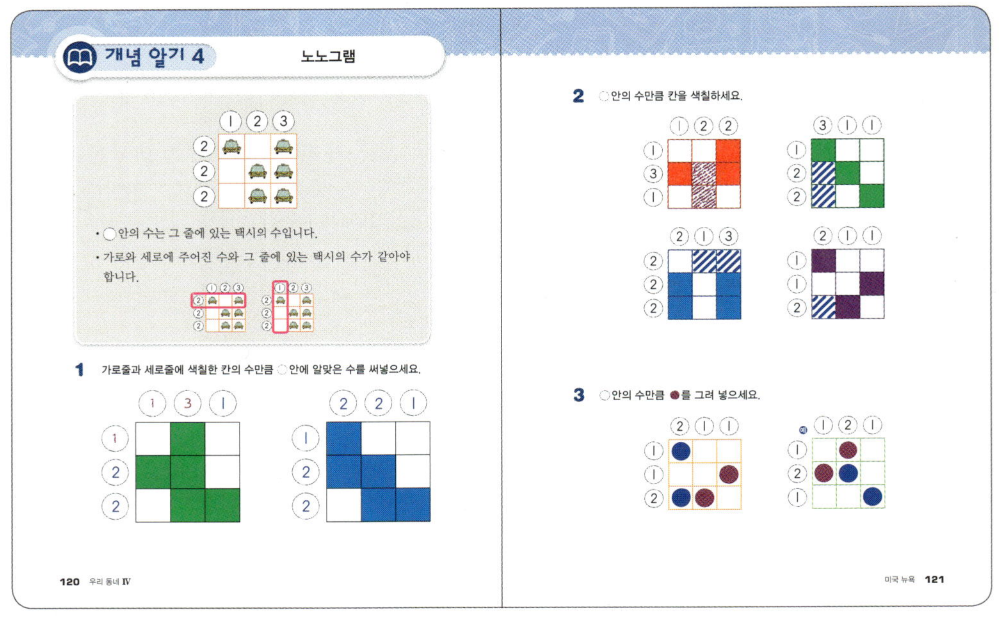




가로줄과 세로줄에 색칠한 칸의 수를 세어 봅니다. 주어진 수를 보고, 가로줄과 세로줄의 색칠을 완성할 수 있습니다.

**1** 같은 줄에 색칠한 칸의 수를 세어 봅니다.

**2** 3칸을 모두 색칠해야 하는 줄부터 색칠하면 좋습니다. 색칠할 수 없는 곳에 ×표를 한 후 색칠을 완성해도 좋습니다.

**3** 더 이상 ●를 그리지 않아도 되는 줄을 모두 찾습니다. 그리지 않아도 되는 칸에 ×표를 한 다음 ●를 그려 완성합니다.

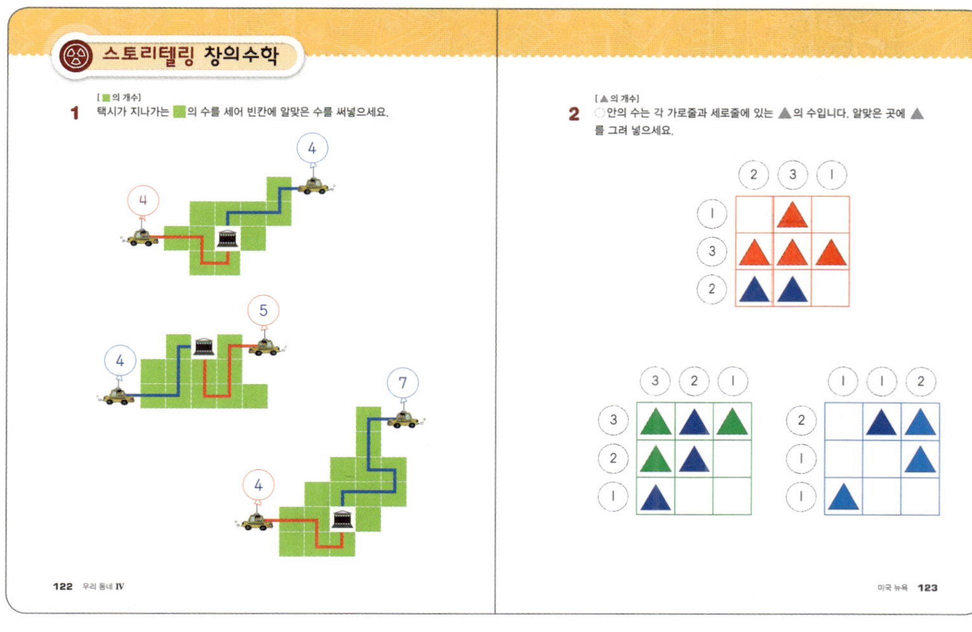



## 122 · 123

**1** 택시가 지나가는 ■의 수를 세어 봅니다. 길이 그려진 칸을 선(/)으로 하나씩 지워가며 셀 수 있습니다.

**2** ○안의 수가 3, 2, 1인 순서대로 그려 넣습니다. 그림을 그릴 수 없는 칸에 ×표를 한 후 빈칸을 채울 수도 있습니다.

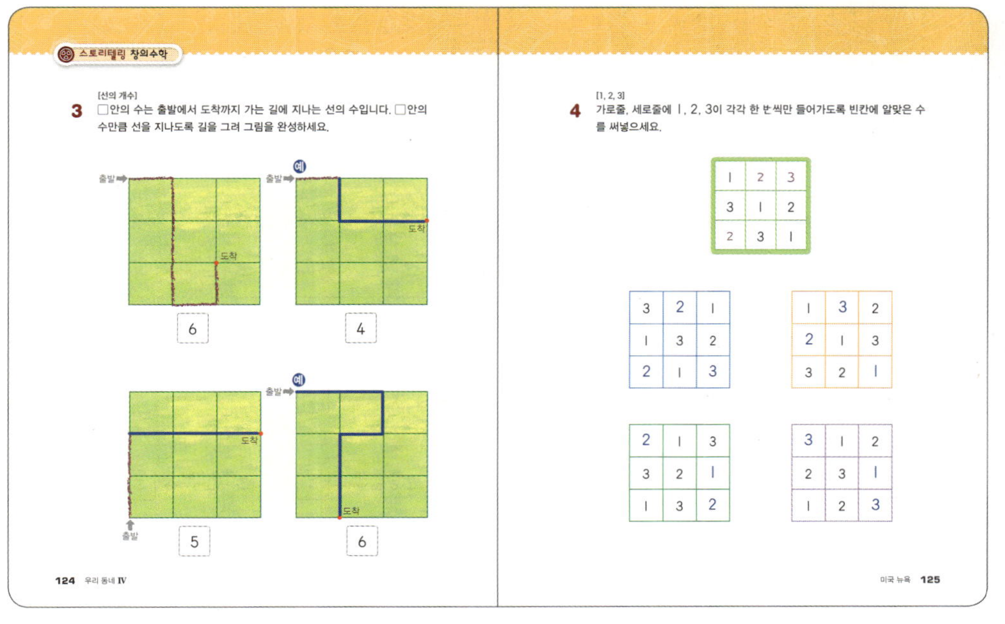



## 124 · 125

**3** 주어진 수만큼의 선을 지나도록 길을 그려 봅니다. 아이가 주어진 수를 칸의 수로 생각하지 않도록 도와줍니다. 길을 그리는 방법은 여러 가지입니다.

**4** 빌딩 스도쿠 퍼즐을 1에서 3까지의 수로 나타낸 것입니다. 각 가로줄과 세로줄을 비교하여 빈칸이 하나 있는 줄부터 채워 나갑니다. 가로줄과 세로줄에 1, 2, 3이 각각 한 번씩만 들어가야 한다는 것에 주의하여 해결합니다.

MEMO

MEMO

# 우리동네로
## 배우는 수학

창의력 수학
노크

A 단계

# 엄마들의 고민을 해결하다!

## 노크와 함께 아이도 엄마도 즐거운 공부 시작 ~♬

**수학이지만 수학처럼 느껴지지 않아요.**
딱딱한 수학이 아닌 **실생활을 주제**로
수학개념을 알려 주니, 아이가 어려워하지
않고 진도를 나갈 수 있어요.

— 아침햇살님 (6세 여아) —

호기심을 자극하고 재밌게 학습하면서
아이의 생각이 트이는 게 보이더라고요.
아이가 **수학을 재밌게 배우길 원한다면**
**노크로 홈스쿨** 진행해 보세요.

— 굼벵이님 (6세 여아) —

한 권을 다 끝내는 동안
아이가 전혀 지루해하거나
힘들어하지 않았답니다.
동화책 읽듯이 술~술~하니
아이가 즐거워해요.

— 마들렌님 (7세 남아) —

일상에 숨어 있는 여러 가지 수학
개념을 통해 규칙이나 수, 도형 등
수학에 가깝게 다가가요. 다양한
주제학습으로 융합적(STEAM)
사고력도 기를 수 있답니다.

— 겸둥현이맘님 (8세 남아) —

스스로 문제 푸는 아이 모습이
정말 대견하고 신기해요.
혼자서 2주 만에 한 권을
뚝딱 풀어내고 나니 아이가
엄청 신나 하는 거 있죠?

— 맘따순날님 (7세 남아) —

**리틀북카페에서 더 많은 실제 학습사례를 확인하시고, 놀라운 학습효과도 직접 경험해 보세요.**
리틀북카페 〈노크〉 홈스쿨 : http://cafe.naver.com/chunjaebooks